蘇軾行書

過年寫春聯

盧中南

罗锡清 编

河南美术出版社
·郑州·

图书在版编目（CIP）数据

过年写春联．苏轼行书／罗锡清编．— 郑州：河南美术出版社，2022.10

ISBN 978-7-5401-5950-4

Ⅰ.①过…　Ⅱ.①罗…　Ⅲ.①行书－法帖－中国－北宋　Ⅳ.① J292.2

中国版本图书馆 CIP 数据核字（2022）第 160864 号

过年写春联　苏轼行书

罗锡清　编

出 版 人　李　勇
责任编辑　庞　迪
责任校对　管明锐
装帧设计　庞　迪
制　　作　张国友
出版发行　河南美术出版社
　　　　　地址：郑州市郑东新区祥盛街 27 号
　　　　　邮编：450016
　　　　　电话：(0371) 65788152
印　　刷　郑州印之星印务有限公司
开　　本　787 毫米 ×1092 毫米　1/16
印　　张　6
字　　数　75 千字
版　　次　2022 年 10 月第 1 版
印　　次　2022 年 10 月第 1 次印刷
书　　号　ISBN 978-7-5401-5950-4
定　　价　25.00 元

关于春联

春联也叫“门对”“春贴”“对联”“对子”。它以工整、对偶、简洁、精巧的文字描绘时代背景，抒发美好愿望，是我国特有的一种文学形式。每逢春节，无论城市还是农村，家家户户都要精选一副大红春联贴于门上，为节日增加喜庆气氛。

中国最早的春联相传出自五代后蜀国君孟昶。《宋史·西蜀孟氏》记载：“（孟昶）每岁除，命学士为词，题桃符，置寝门左右。末年，学士幸寅逊撰词，昶以其非工，自命笔题云：‘新年纳余庆，嘉节号长春’。”大意是：新年享受着先代的遗泽，佳节预示着春意常在。这就是春联的雏形。

过年贴春联的民俗起源于宋代，并在明代开始盛行。据《簪云楼杂说》载，明太祖朱元璋酷爱对联，不仅自己挥毫书写，还常常鼓励臣下书写。有一年除夕，他传旨：“公卿士庶家，门上须加春联一副。”后太祖微服出巡，看见各家张贴的春联十分高兴。当他行至一户人家，见门上没有春联，便问何故。原来主人是个杀猪的，正愁找不到人写春联。朱元璋当即挥笔写下了一副内容为“双手劈开生死路，一刀割断是非根”的春联送给了这户人家。从这个故事中可以看出朱元璋对春联的大力提倡，也正是因为他的身体力行，才推动了春联的普及。

到了清代，春联的思想性和艺术性都有了很大提高。梁章钜所撰《楹联丛话》对楹联的起源及各门类作品的特色都一一做了论述，其中就专门提到春联。可见春联在当时已成为一种文学艺术形式。

常见的春联，根据其使用场所与位置的不同，可分为门心、框对、横批、春条、斗斤等。“门心”贴于门板上端中心部位；“框对”贴于左右两个门框上；“横批”贴于门楣的横木上；“春条”是根据不同的内容，贴于相应位置的单幅文字，如过年时在庭院里贴的“抬头见喜”“出入平安”“恭喜发财”等；“斗斤”，也叫“门叶”，为菱形，多贴在家具、单扇门或影壁上，春节时大家喜欢贴的“福”字，就属于“斗斤”。

春节贴“福”字，是我国民间由来已久的风俗。据《梦粱录》记载：“岁旦在迩，席铺百货，画门神桃符，迎春牌儿。”“士庶家不论大小家，俱洒扫门闾，去尘秽，净庭户，换门神，挂钟馗，钉桃符，贴春牌，祭祀祖宗。”文中的“春牌”即写在红纸上的“福”字，“福”字代表的是“幸福”“福气”“福运”。民间还有将“福”字精描细作成各种图案的，图案有寿星、寿桃、鲤鱼跳龙门、五谷丰登、龙凤呈祥等。春节贴“福”字，无论是现在还是过去，都寄托了人们对幸福生活的向往，也是对美好未来的祝愿。

俗话说：“一年之计在于春。”在人们的传统观念里，一年中有个好的开端是最惬意、最吉利的事。无论在过去的一年里有什么高兴、得意的事，还是有什么不如意的事，总是希望未来的一年过得更好。因此，在新春即将到来之时，贴春联恰好可以表达这种美好愿望。加之我国人民自古就有乐观向上的精神，寄希望于未来，祈盼未来自己会有好运。于是人们借助于春联表达对即将过去的一年的欣喜和幸福的心境，以及对新的一年的期盼与厚望。

民间有“腊月二十四，家家写大字”的说法，随着中国传统文化的复兴，过年写春联已经成为一种时尚。中国人过春节讲究喜庆、吉利、热闹，人们在春节期间吃好的、喝好的、穿新衣、放鞭炮、走亲访友等，这体现了人们对美好生活的向往，而写春联恰恰暗合了这一点。

本套图书共十六册，每册收录八十余副广大人民群众喜闻乐见的春联。我们邀请著名书法家杨华（楷书）、范彦奎（行书）、王应科（隶书）、陈泓凌（篆书）分别用四种字体精彩演绎，邀请鞠闻天（《张迁碑》）、范彦奎（米芾行书）、蒯奕池（王羲之行书、《曹全碑》）、杨德明（褚遂良楷书）、鲁凤华（欧阳询楷书）、刘善军（颜真卿楷书）、罗锡清（智永楷书、苏轼行书、赵孟頫楷书、赵孟頫行书、王铎行书）对不同字体分别进行精彩组合。希望这套书能为中国传统的春节文化增添一笔浓重的“中国红”。

杨　华

目录

44	45	46	47	48	49	50	51	52
梅带寒香成隔岁 酒移腊味入新年	桃符门上千家换 爆竹声中一岁除	日丽风和春浩荡 花香鸟语物昭苏	瑞气呈祥舒万物 财源有路富千家	丹凤呈祥龙献瑞 红桃贺岁杏迎春	水碧山青天长暖 桃红柳绿地皆春	竹林酌酒云间露 木笔书春天上花	万水千山疆永固 五风十雨庆丰登	五风十雨皆为瑞 一岁双年总是春

53	54	55	56	57	58	59	60	61
喜延明月长登户 自有春风为扫门	梅放已更新岁月 桃红又见一年春	骏马追风扬气魄 寒梅傲骨见精神	太平有象人同乐 天地无私物自春	莺啼北里千山绿 燕语南邻万户欢	一元二气三阳泰 四序五福六合春	天增岁月人增寿 春满乾坤福满门	九天日月开新运 万里笙歌颂太平	喜看三春花千树 笑饮丰年酒一杯

62	63	64	65	66	67	68	69	70
春回大地千山绿 喜满人间万家春	春归大地人间暖 福降神州喜临门	一帆风顺年年好 万事如意步步高	绿竹别具三分景 红梅正报万家春	五湖四海皆春色 万水千山尽得辉	春雨丝丝润万物 红梅点点绣千山	山欢水笑春满地 人寿年丰喜盈门	几行绿柳千门晓 一树红梅万户春	福禄寿三星共照 天地人一体同春

71	72	73	74	75	76	77	78	79
开门放眼春风绿 入室浸心翰墨香	天地无私千山翠 家门有德万年红	万里和风吹柳绿 九州春色映桃红	万象更新春似景 宏图大展气如虹	几点梅花迎淑气 数声鸟语斗春光	好景欣看春焕彩 前程更灿锦添花	人逢盛世千家暖 户沐春阳万事兴	天将化日舒清景 室有春风聚太和	春色无边称禹甸 世风有道胜尧天

80	81	82	83	84	85~90
心羡河阳春似锦 胸吞云梦气如虹	江山似锦呈异彩 大地皆春尽朝晖	阶除晓入风云气 户牖春生翰墨香	怀若竹虚品同兰静 情与古会气为春和	大业途中同圆国梦 小康路上不忘初心	积善人家 吉祥如意 迎福纳祥 梅开五福 四季平安 吉星高照 紫气东来 竹报三多 喜迎新春 金玉满堂 花好月圆 和气致祥 六合同春 春光明媚 万象更新 长乐人家 春盈四海 五世其昌 春风化雨 阖家欢乐 风调雨顺 春和景明 六时吉祥 三阳开泰 百事大吉 五福临门 迎春接福 春风得意 年年有余 大吉大利

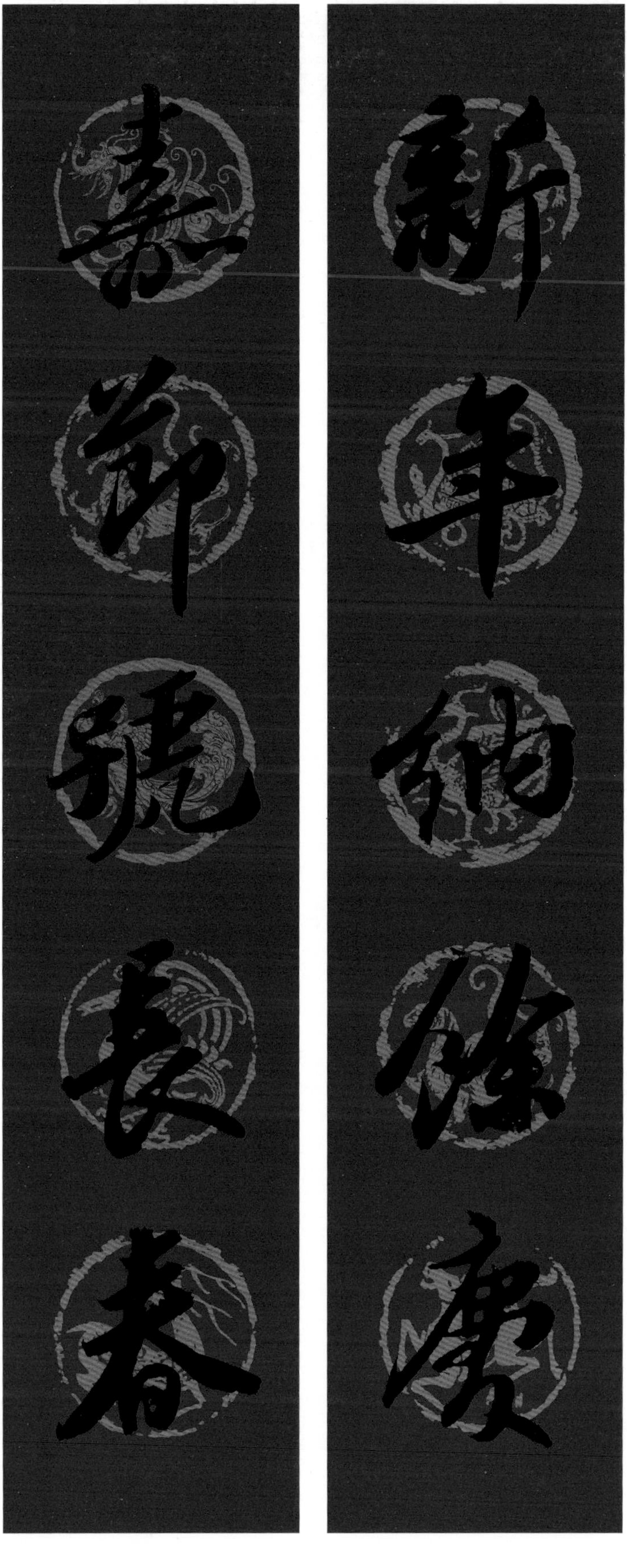

新年纳余庆
嘉节号长春

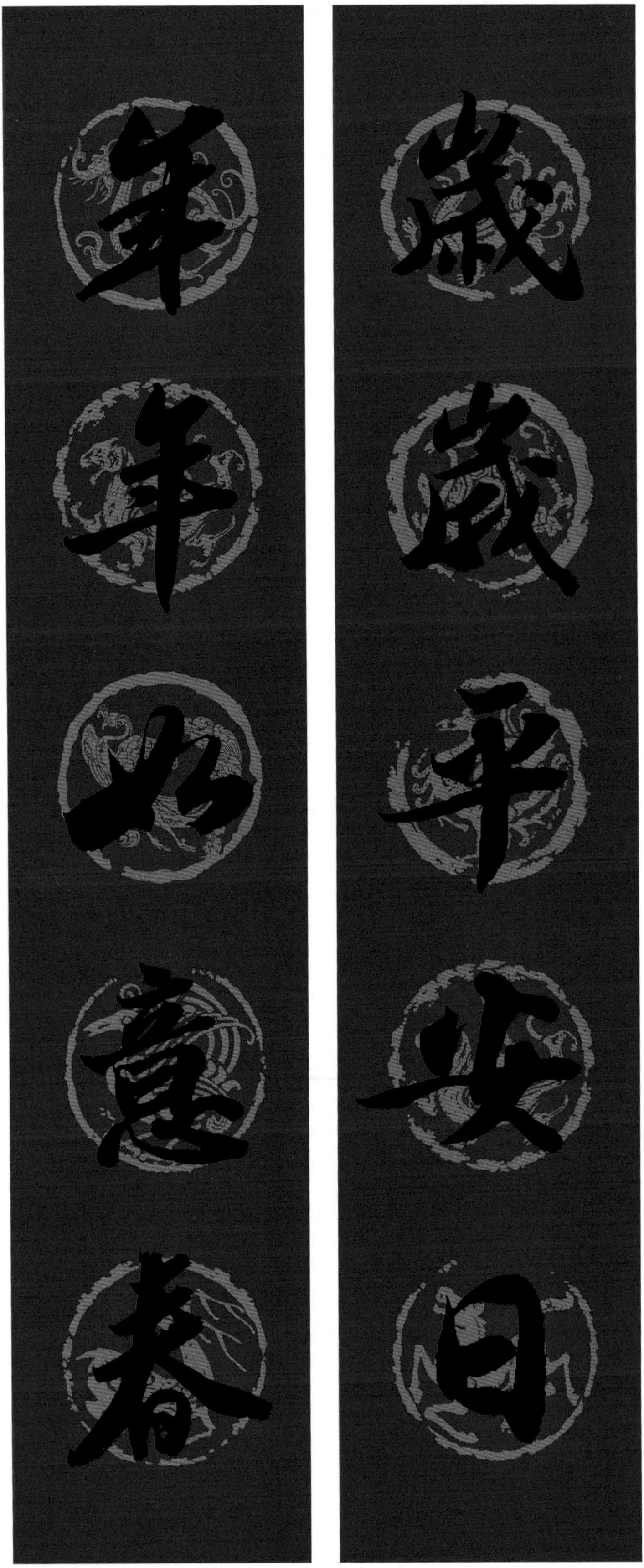

岁岁平安日
年年如意春

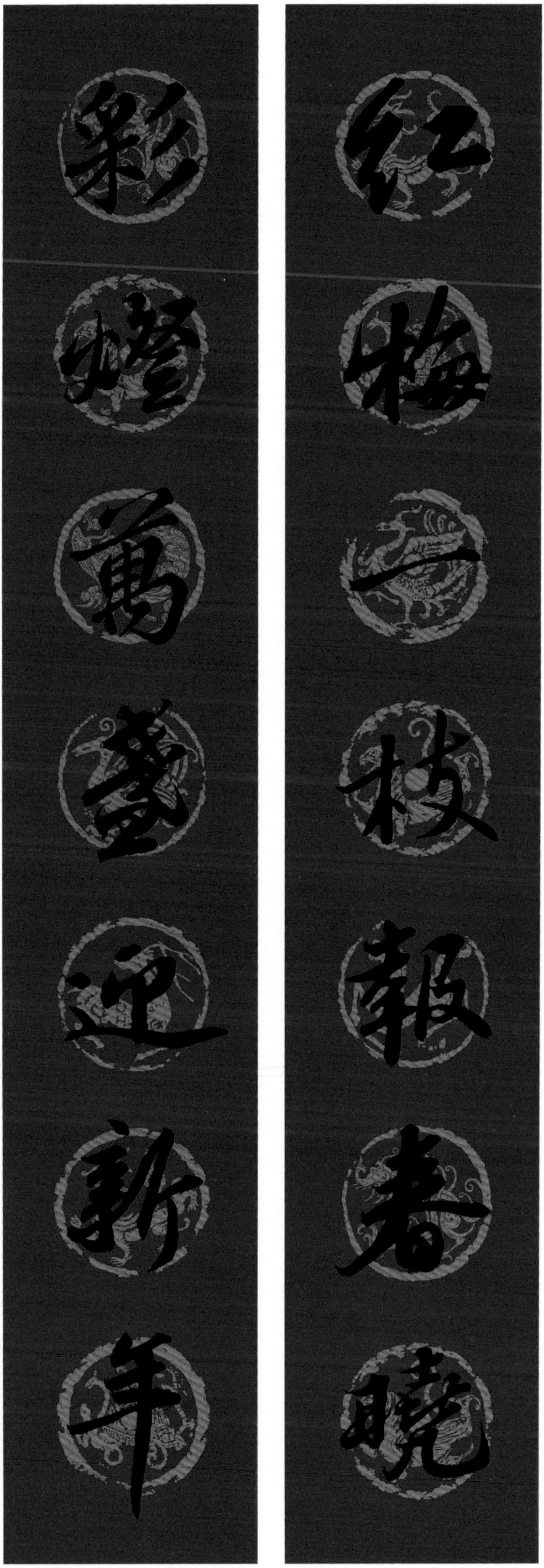

红梅一枝报春晓
彩灯万盏迎新年

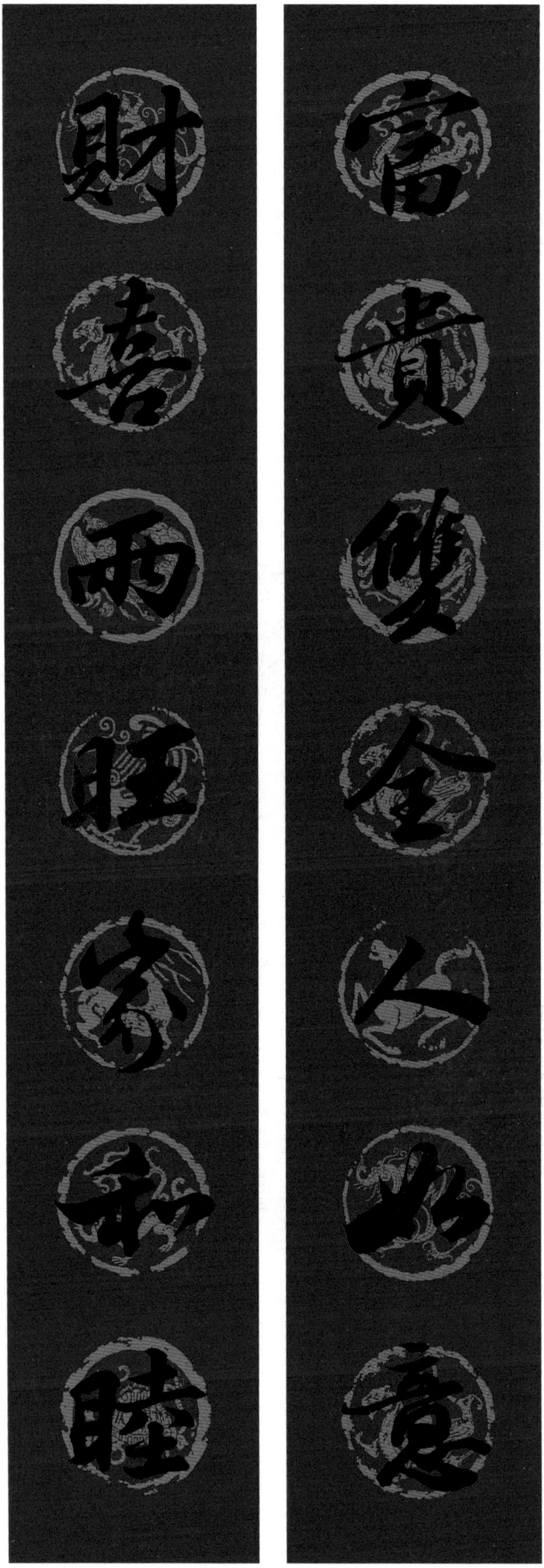

富贵双全人如意
财喜两旺家和睦

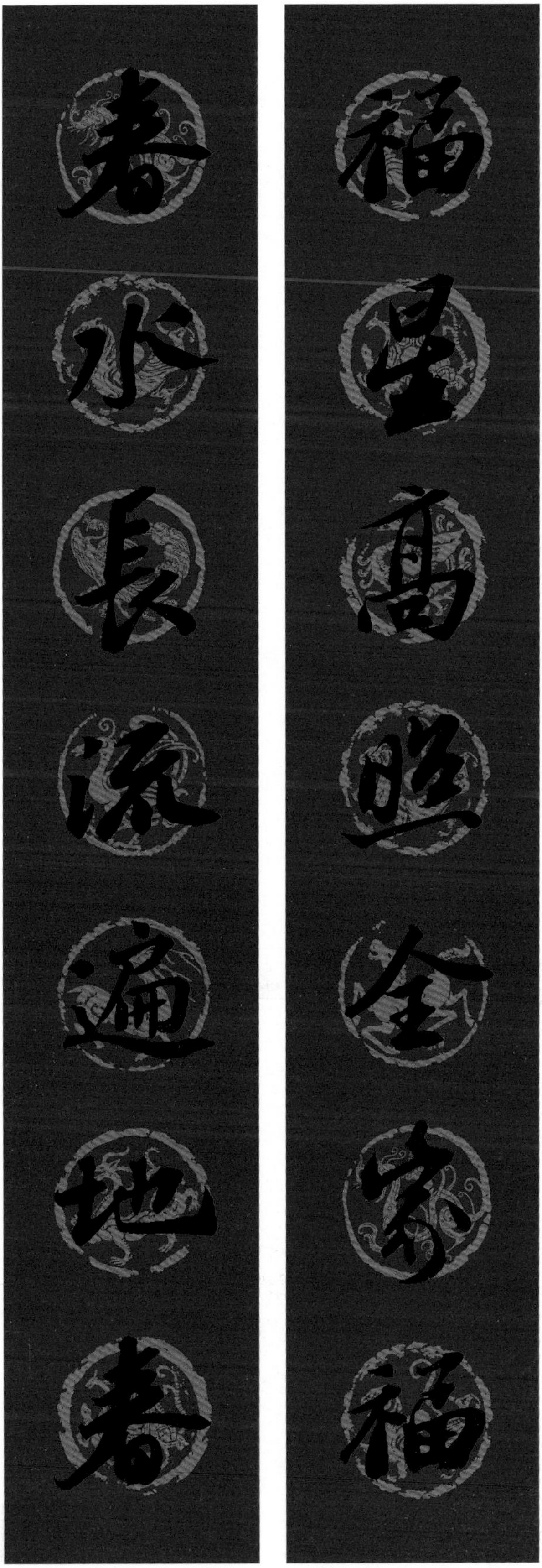

福星高照全家福
春水长流遍地春

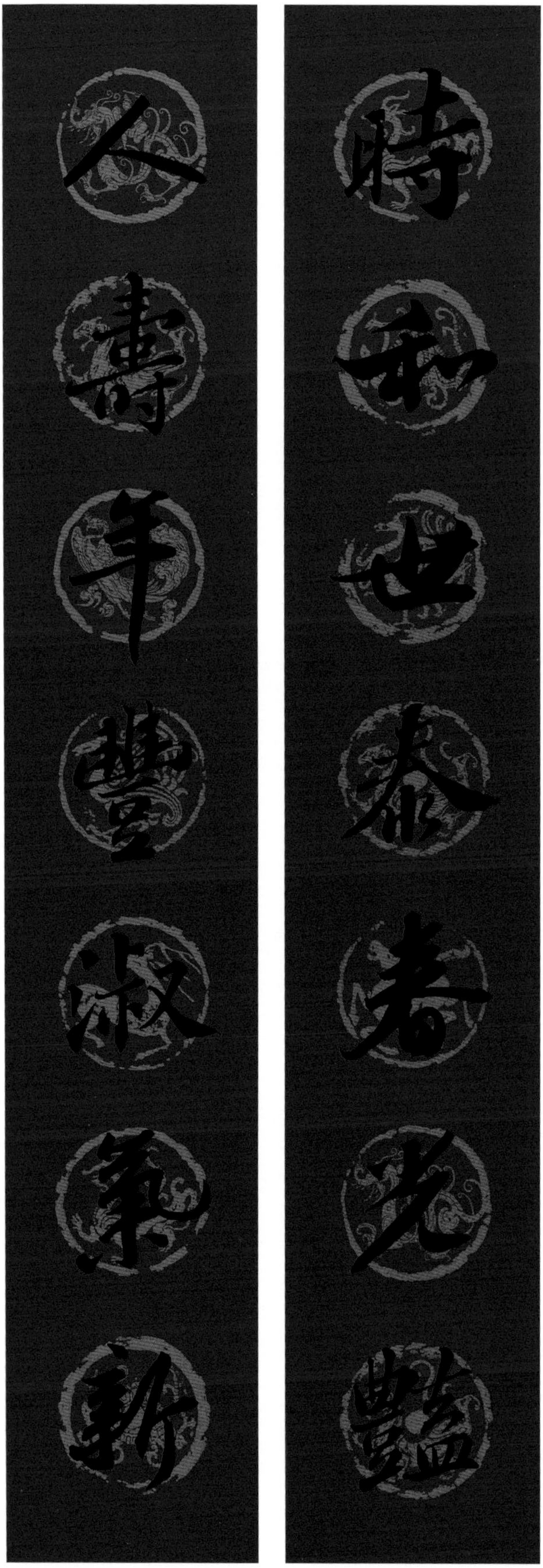

时和世泰春光艳
人寿年丰淑气新

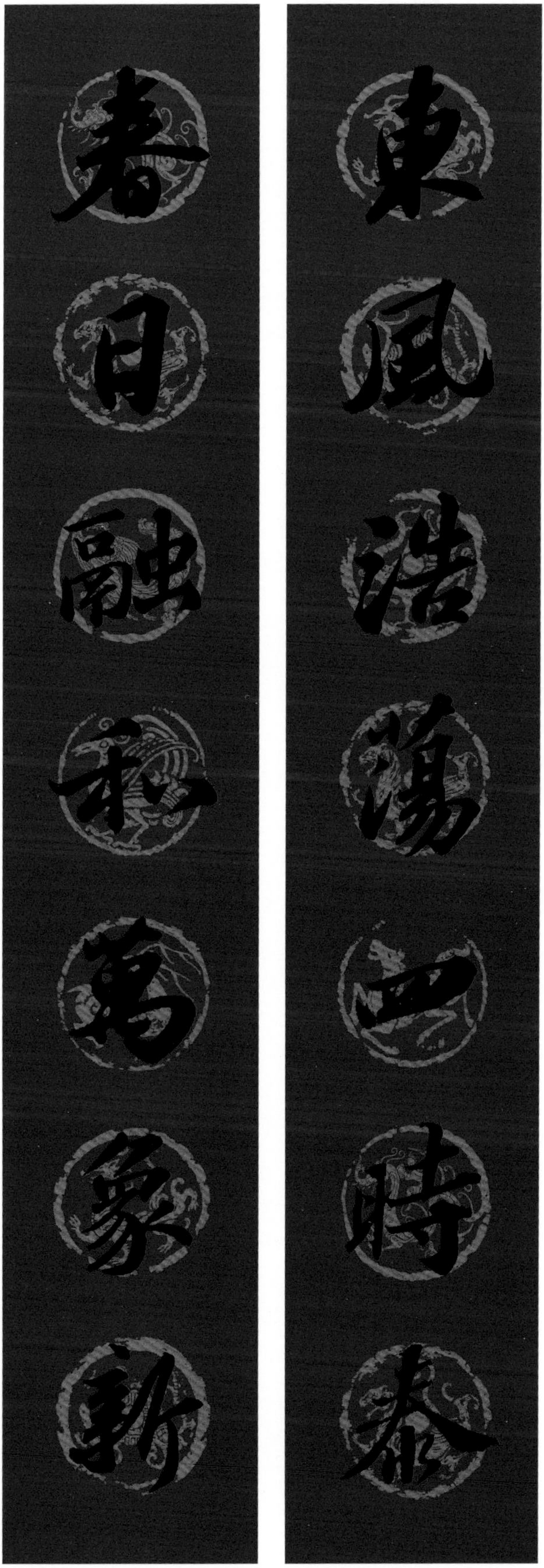

东风浩荡四时泰
春日融和万象新

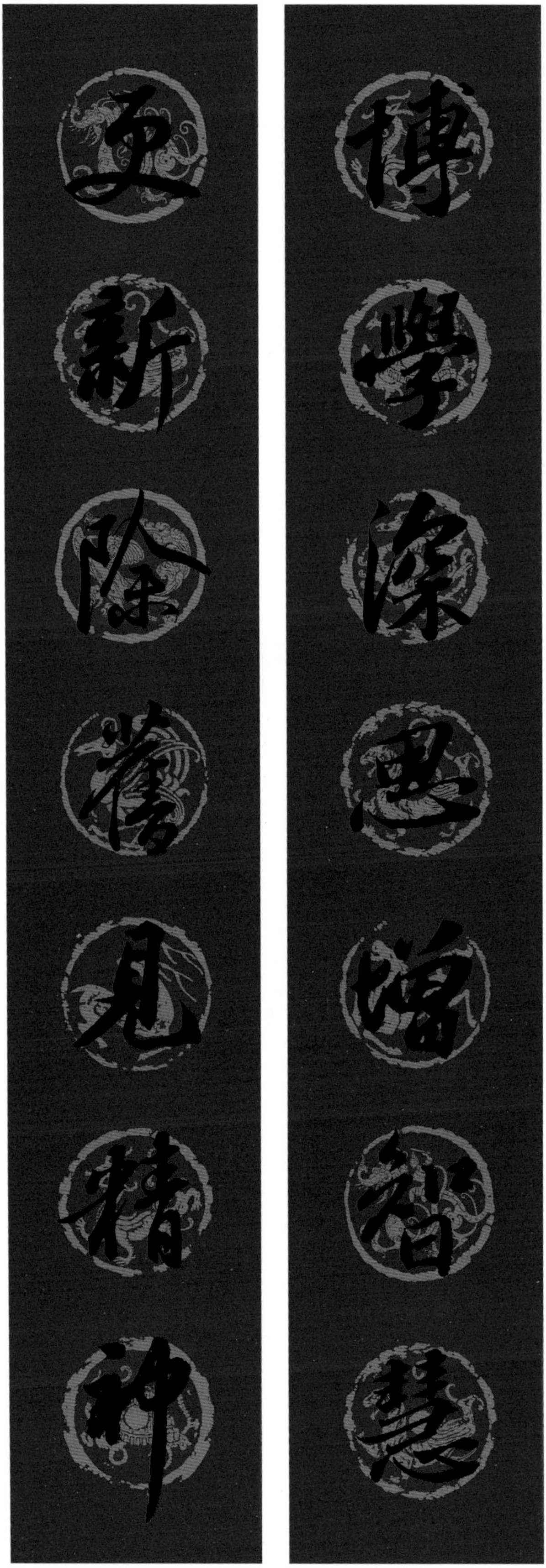

博学深思增智慧
更新除旧见精神

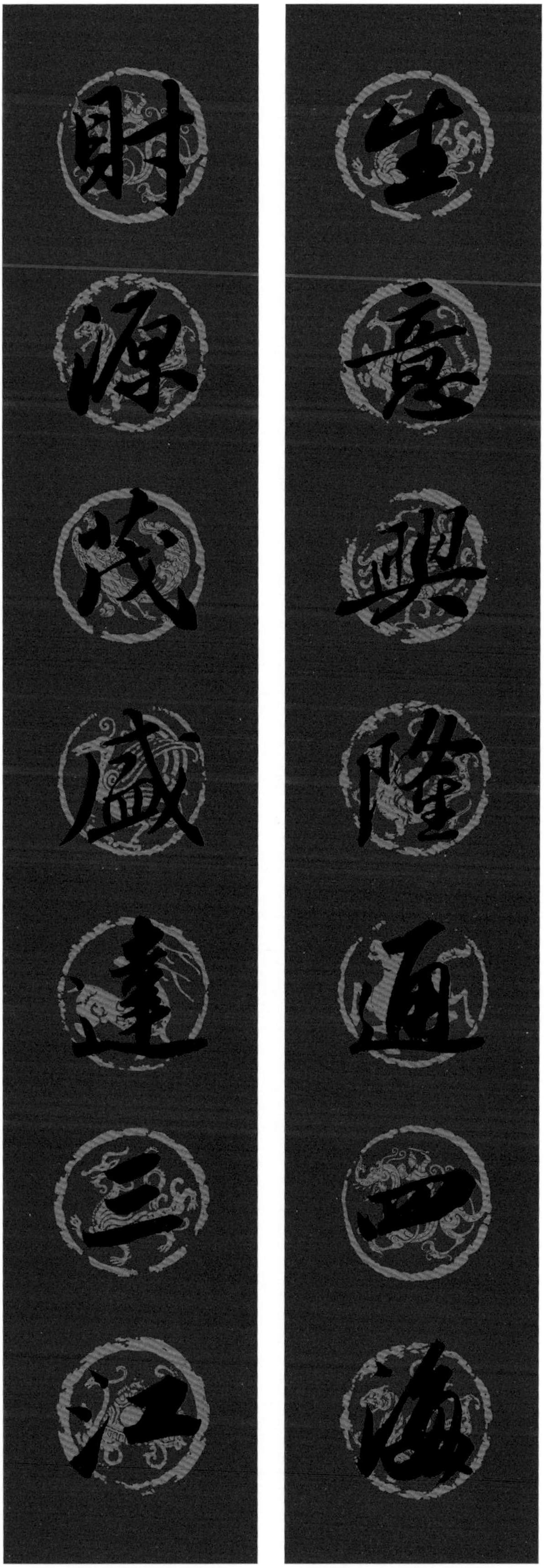

生意兴隆通四海
财源茂盛达三江

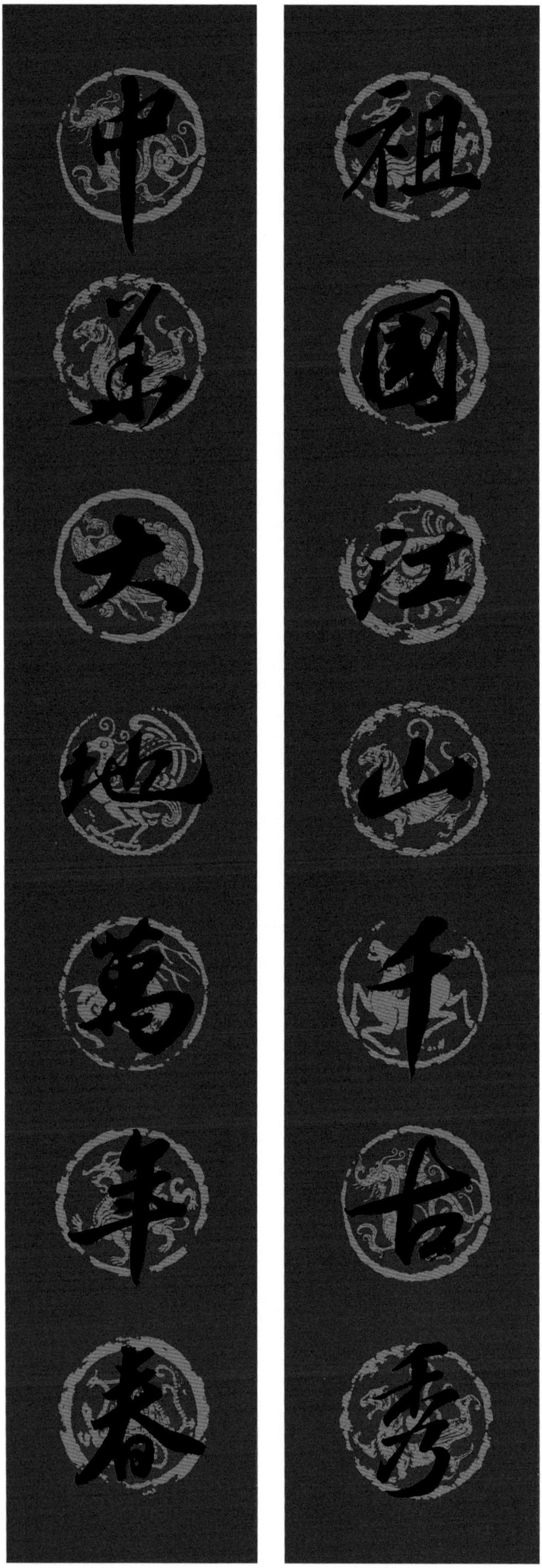

祖国江山千古秀
中华大地万年春

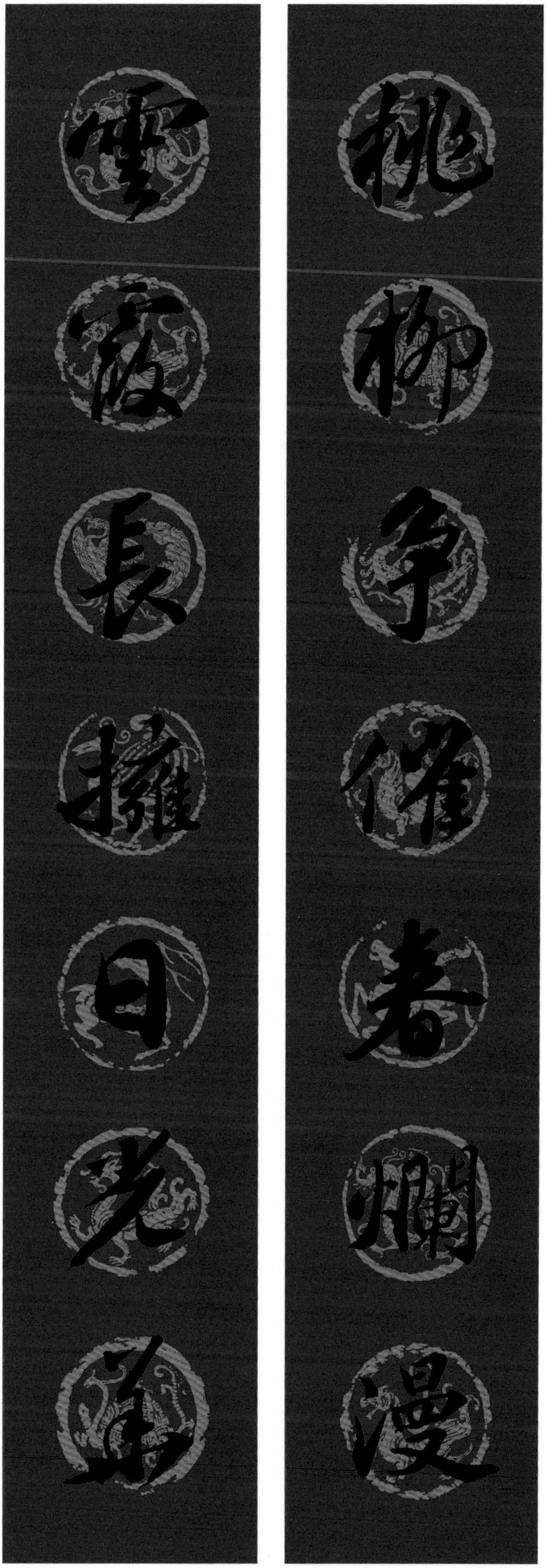

桃柳争催春烂漫
云霞长拥日光华

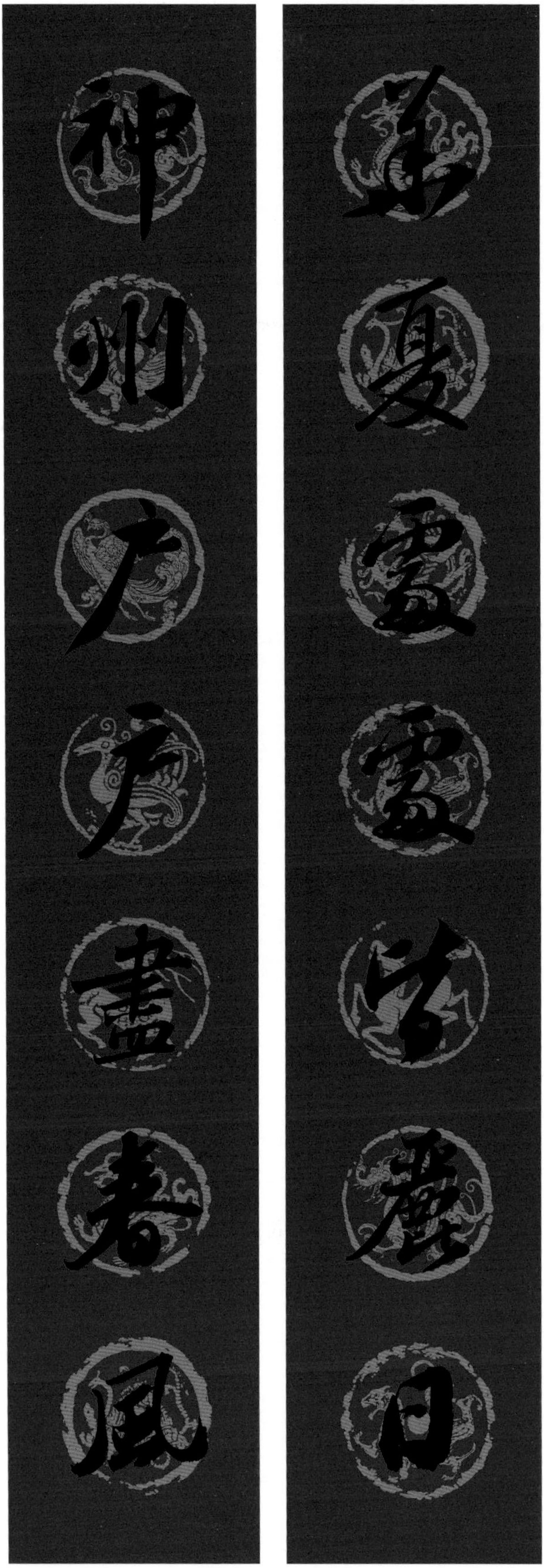

华夏处处皆丽日
神州户户尽春风

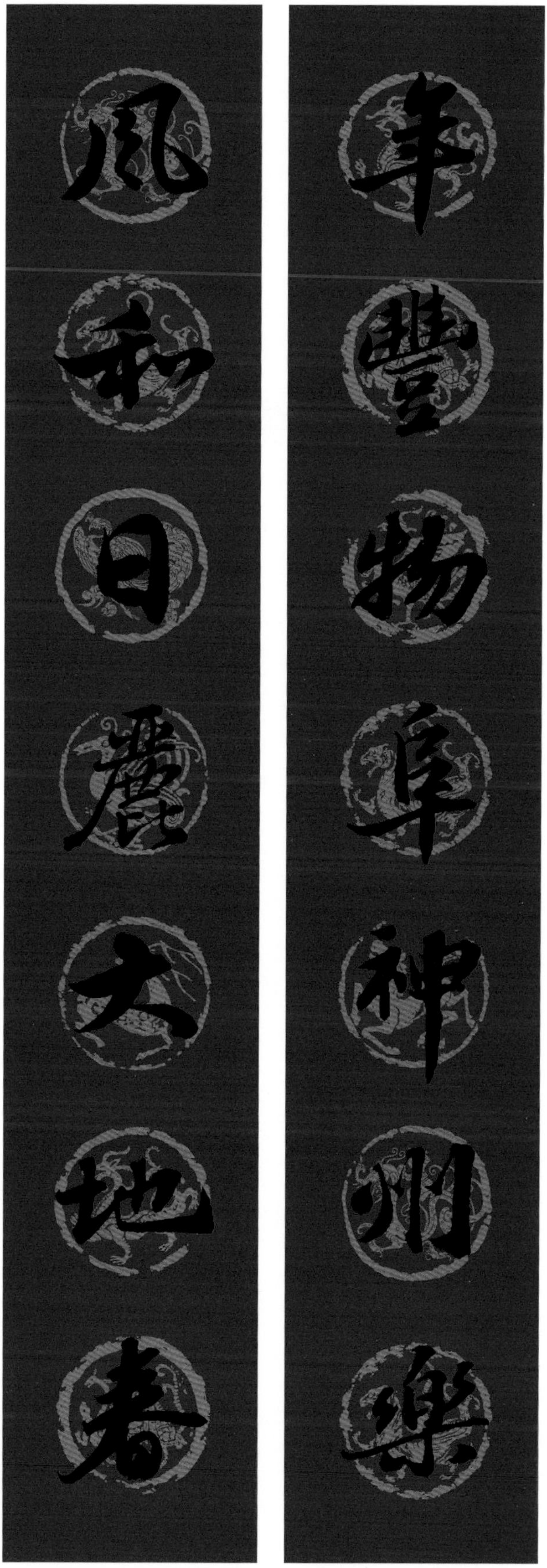

年丰物阜神州乐
风和日丽大地春

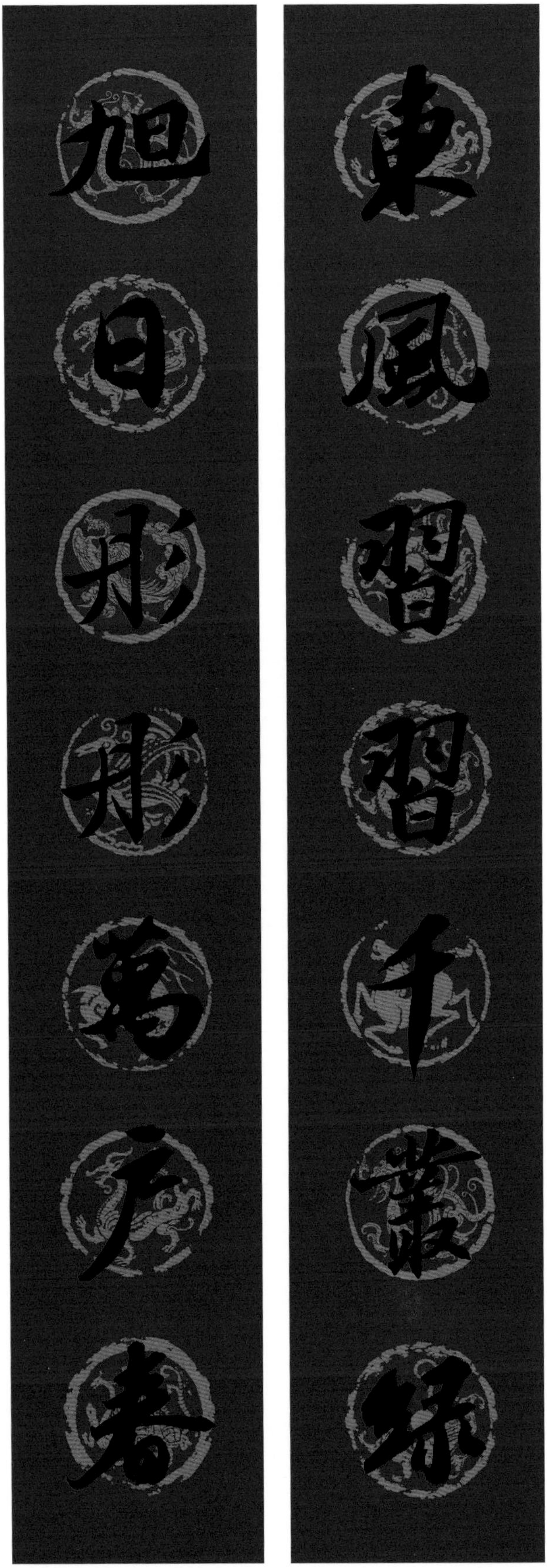

东风习习千丛绿
旭日彤彤万户春

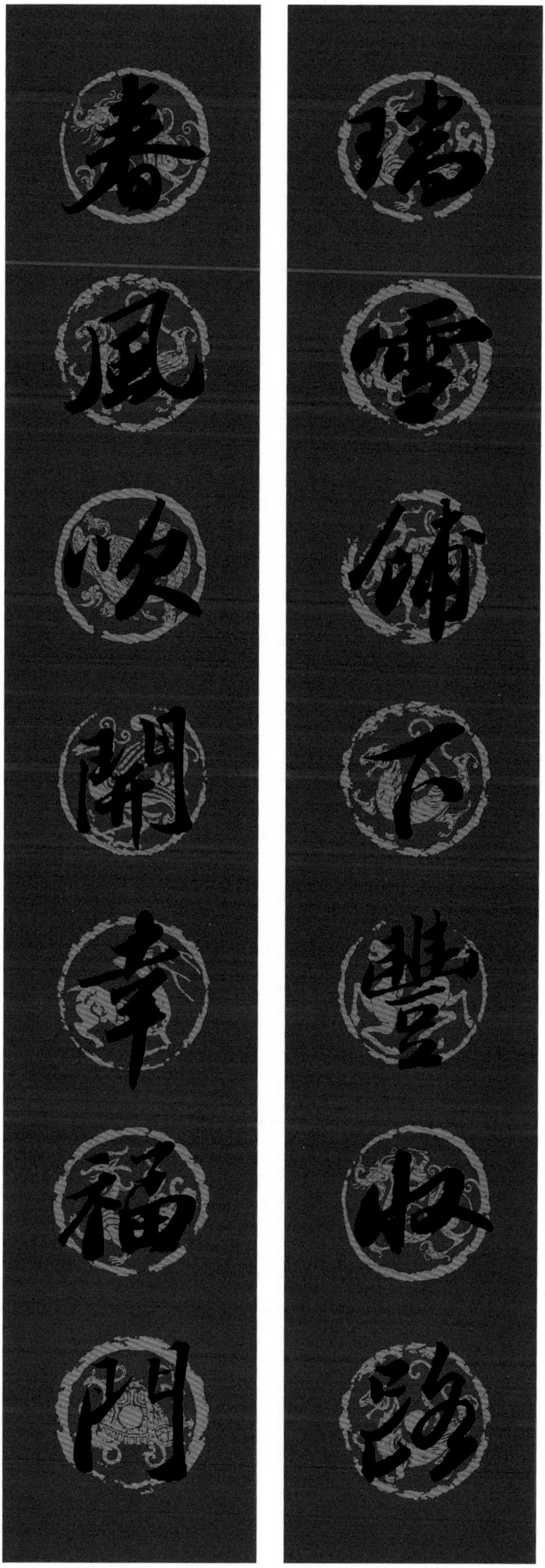

瑞雪铺下丰收路
春风吹开幸福门

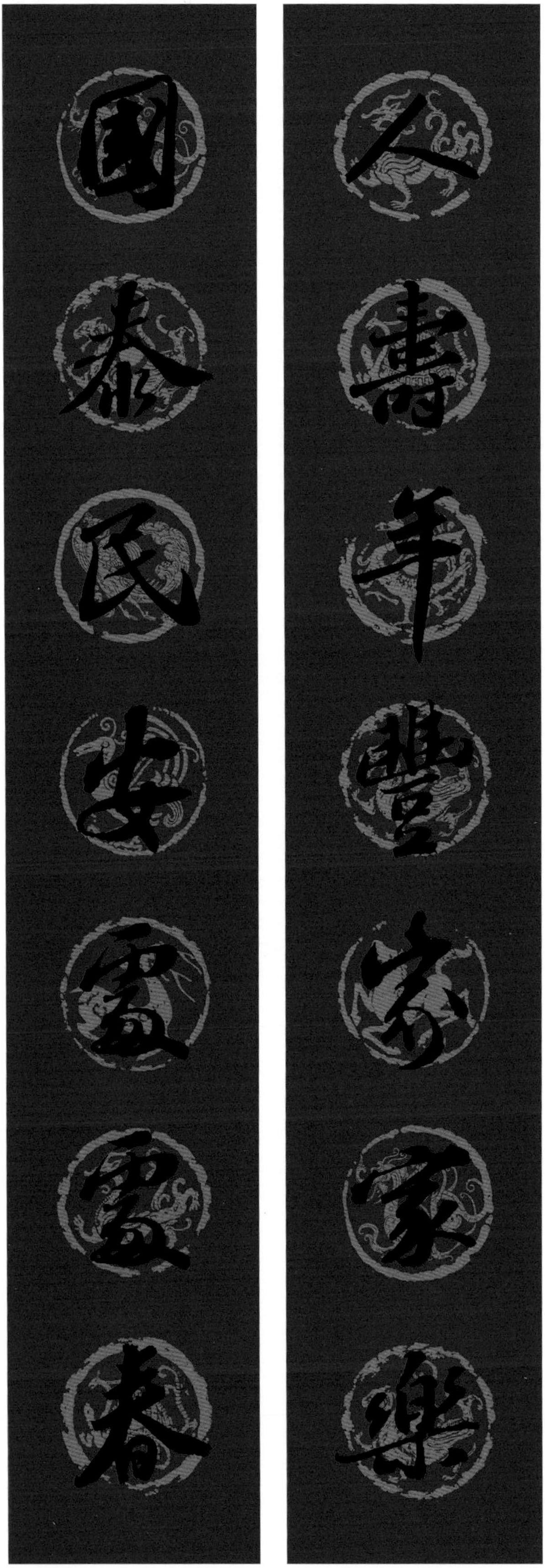

人寿年丰家家乐
国泰民安处处春

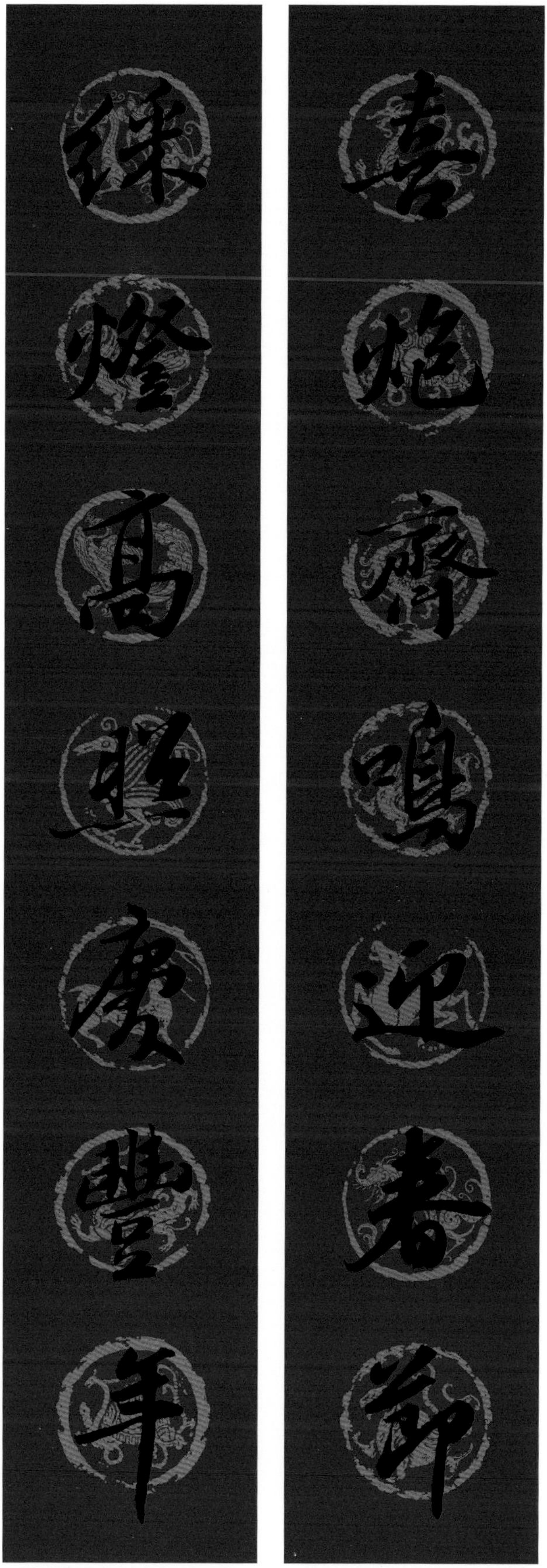

喜炮齐鸣迎春节
彩灯高照庆丰年

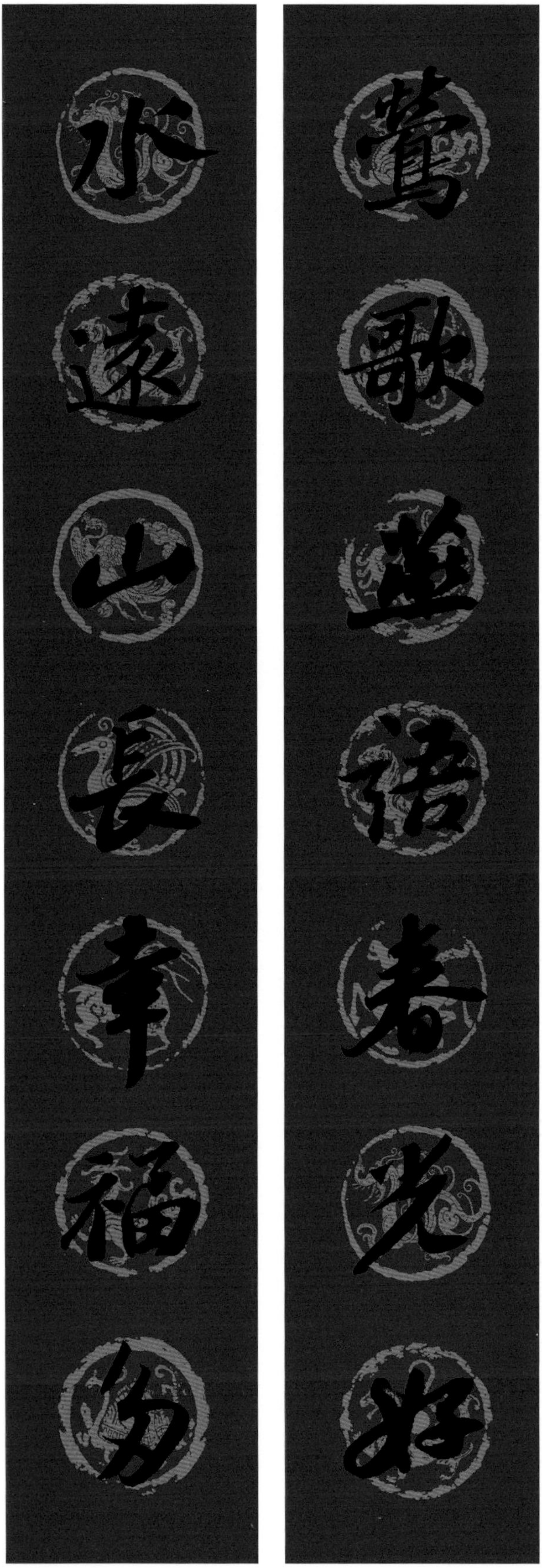

莺歌燕语春光好
水远山长幸福多

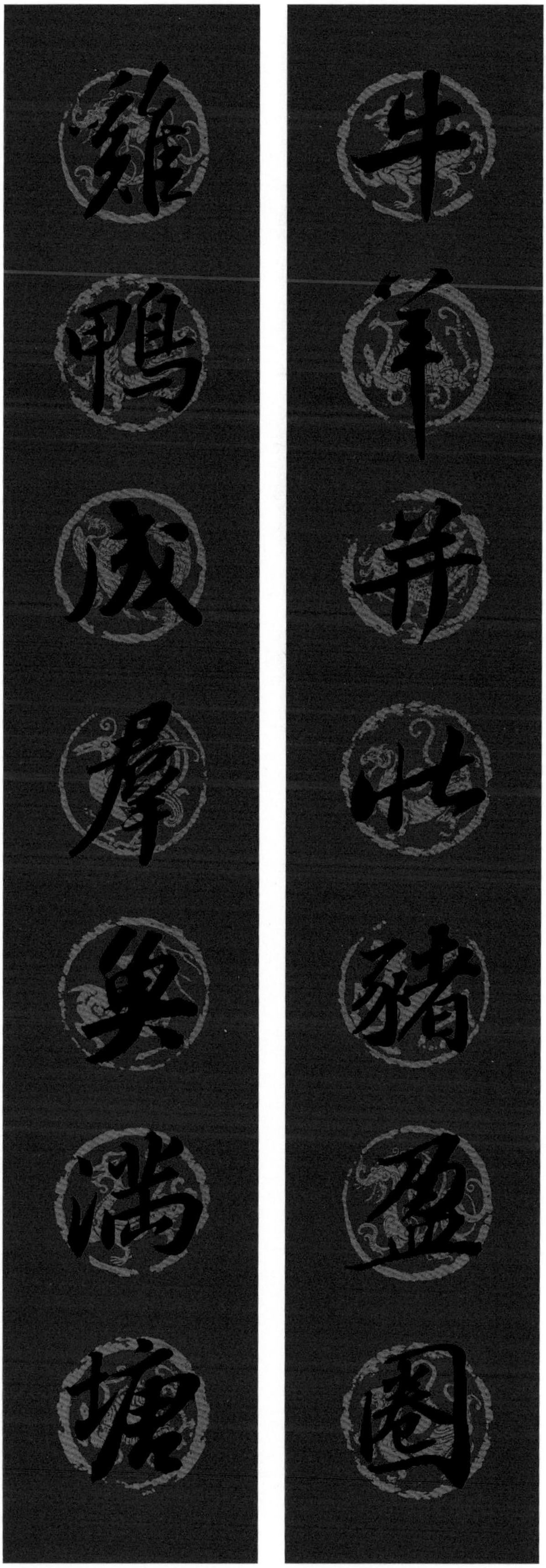

牛羊并壮猪盈圈
鸡鸭成群鱼满塘

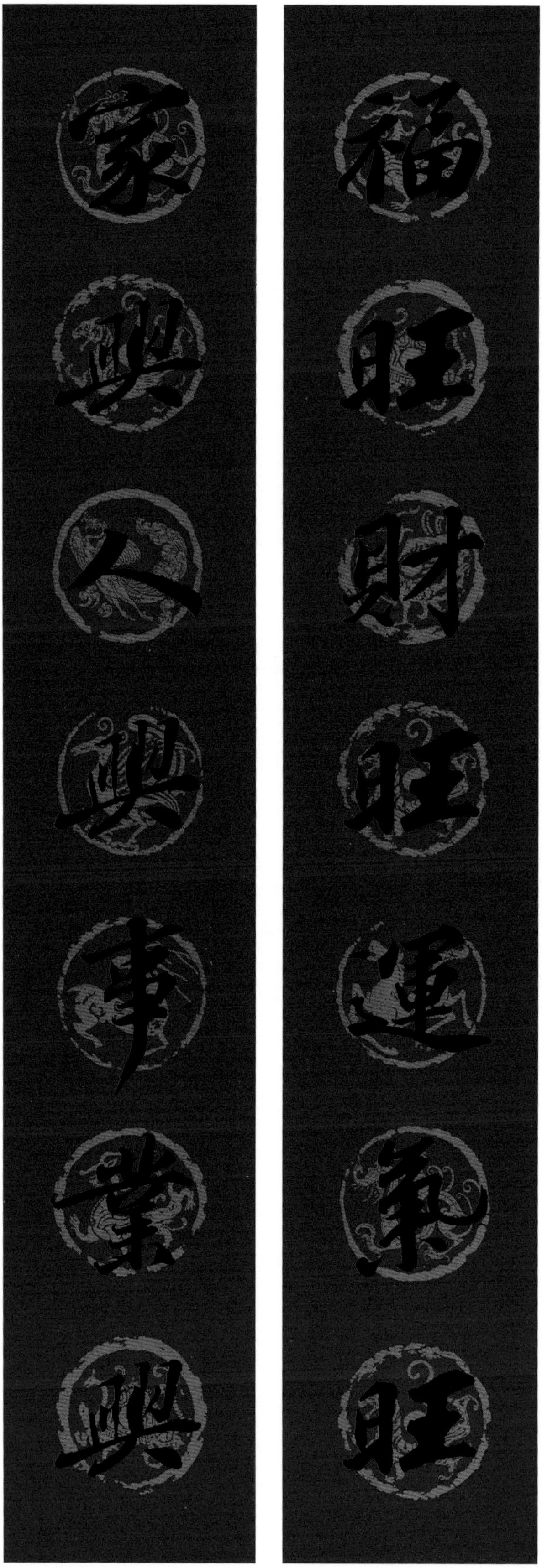

福旺财旺运气旺
家兴人兴事业兴

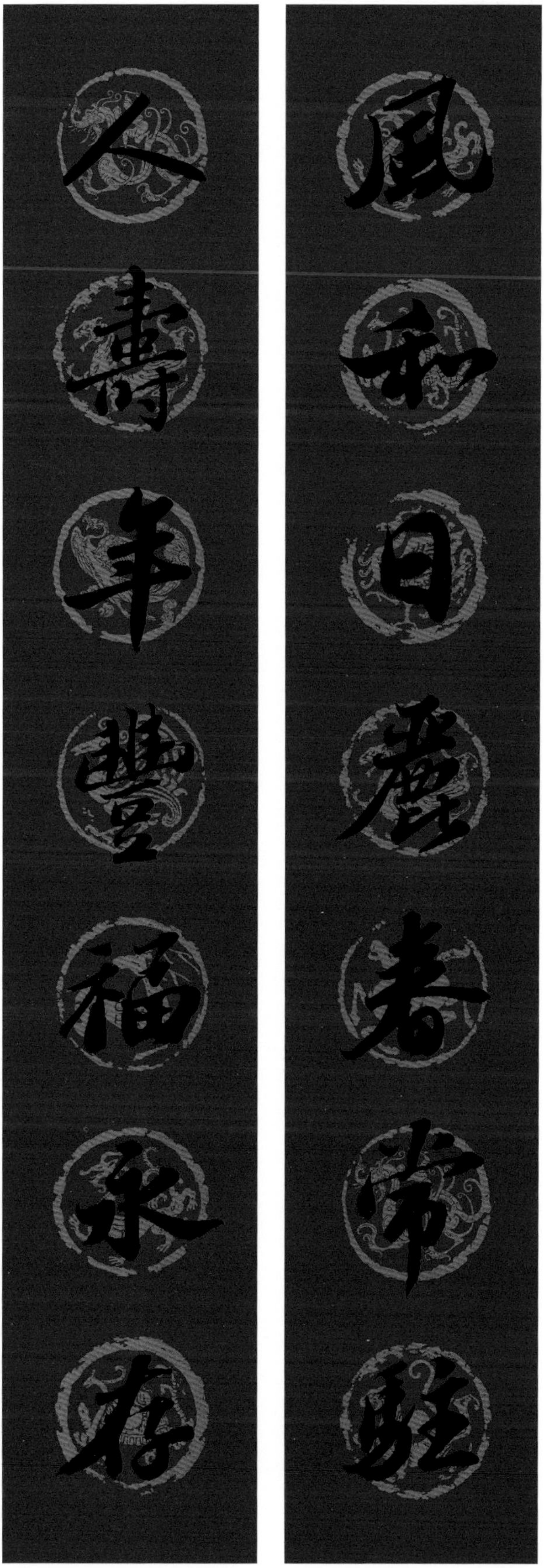

风和日丽春常驻
人寿年丰福永存

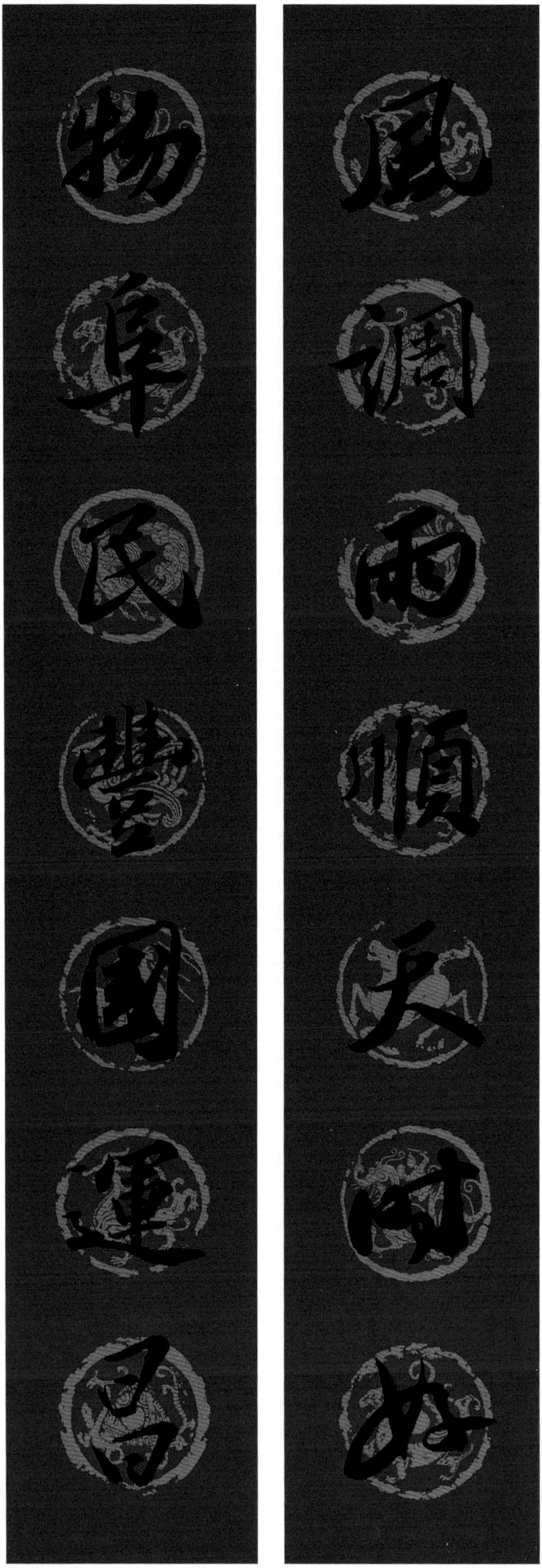

风调雨顺天时好
物阜民丰国运昌

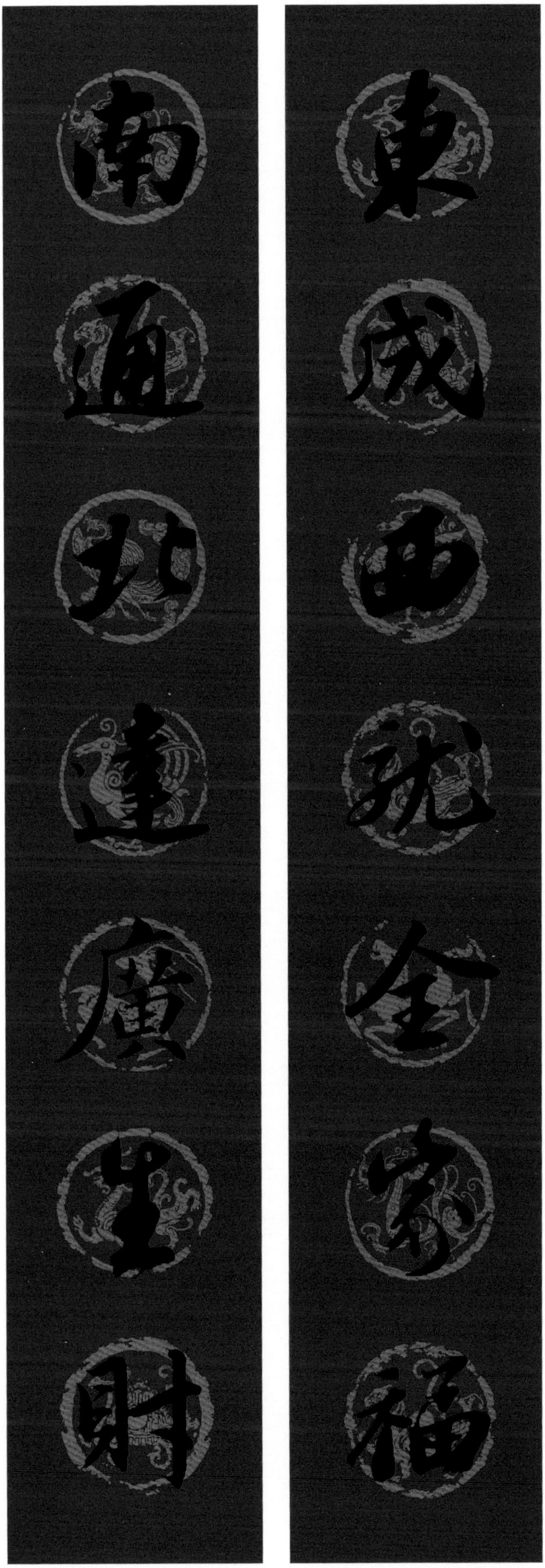

东成西就全家福
南通北达广生财

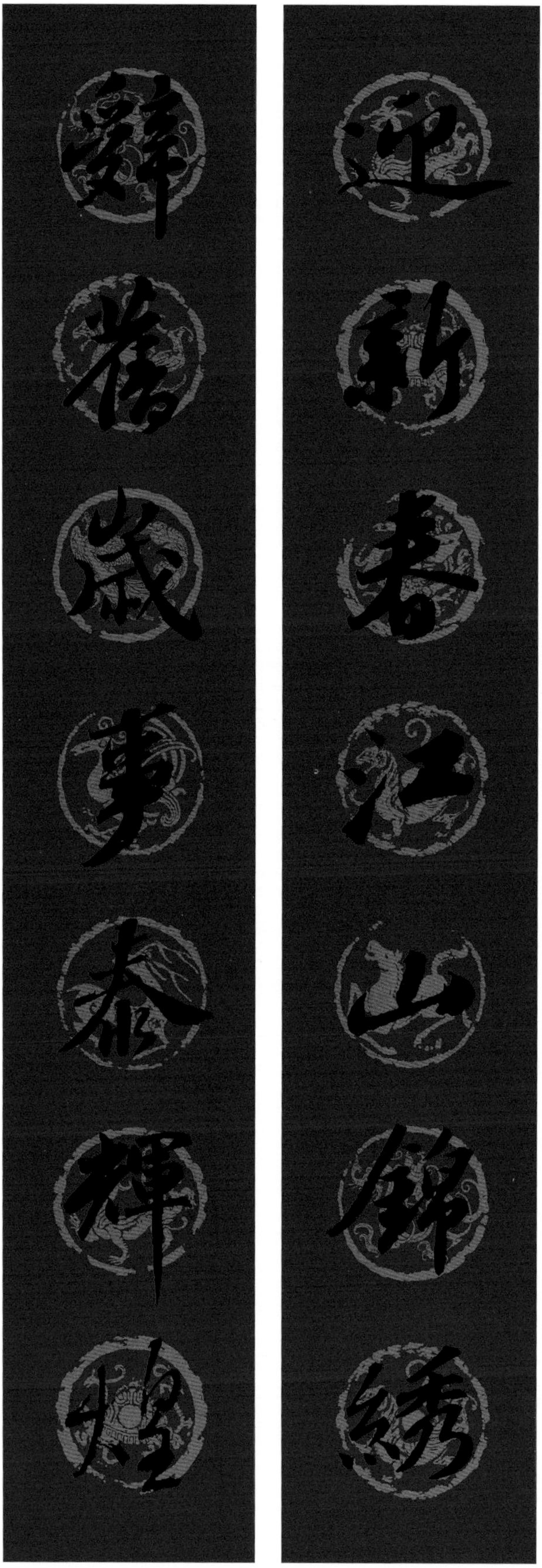

迎新春江山锦绣
辞旧岁事泰辉煌

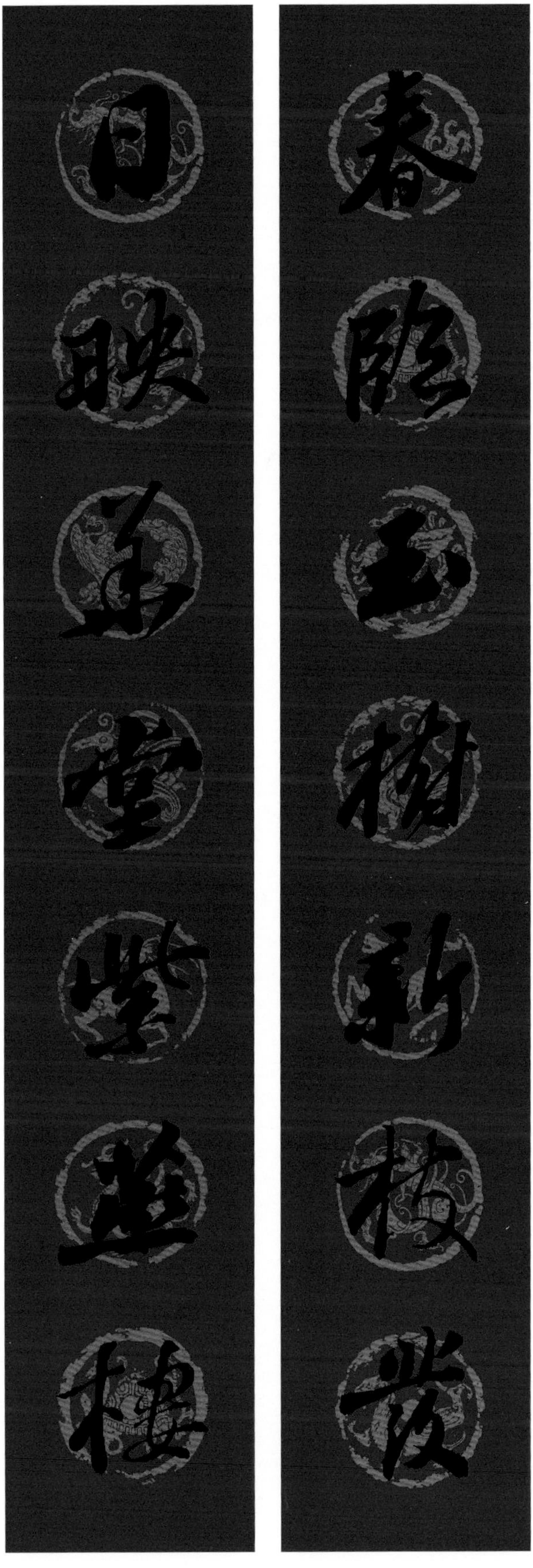

春临玉树新枝发
日映华堂紫燕栖

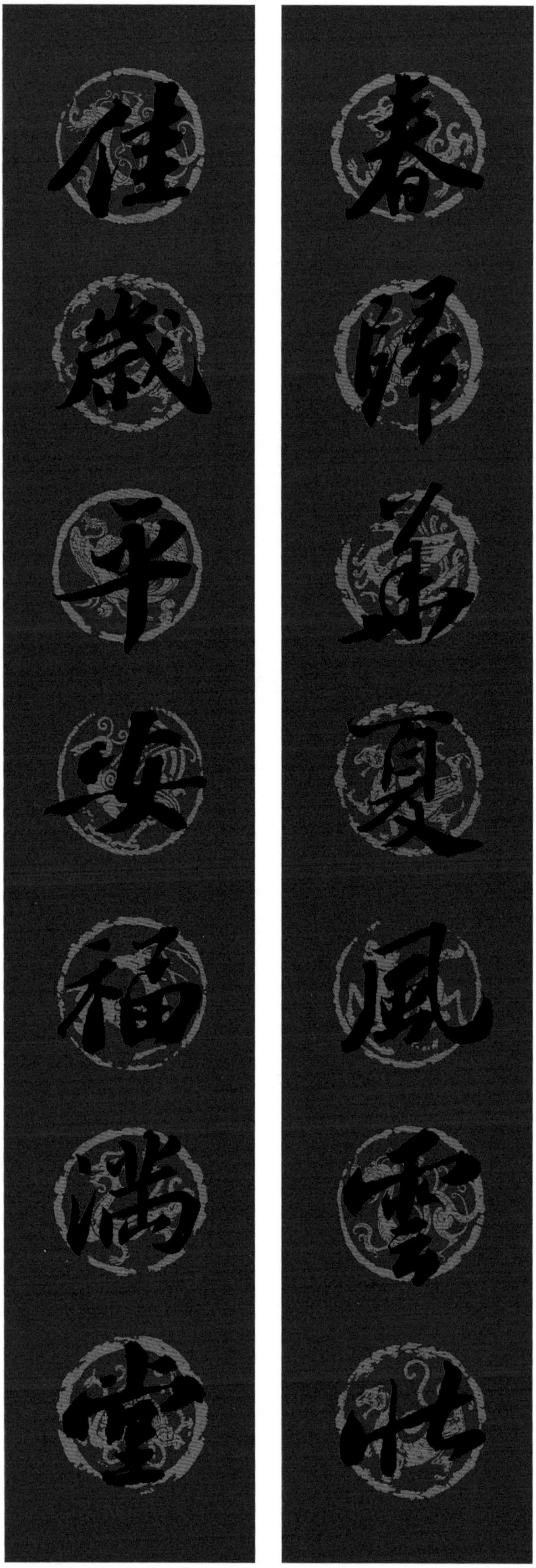

春归华夏风云壮
佳岁平安福满堂

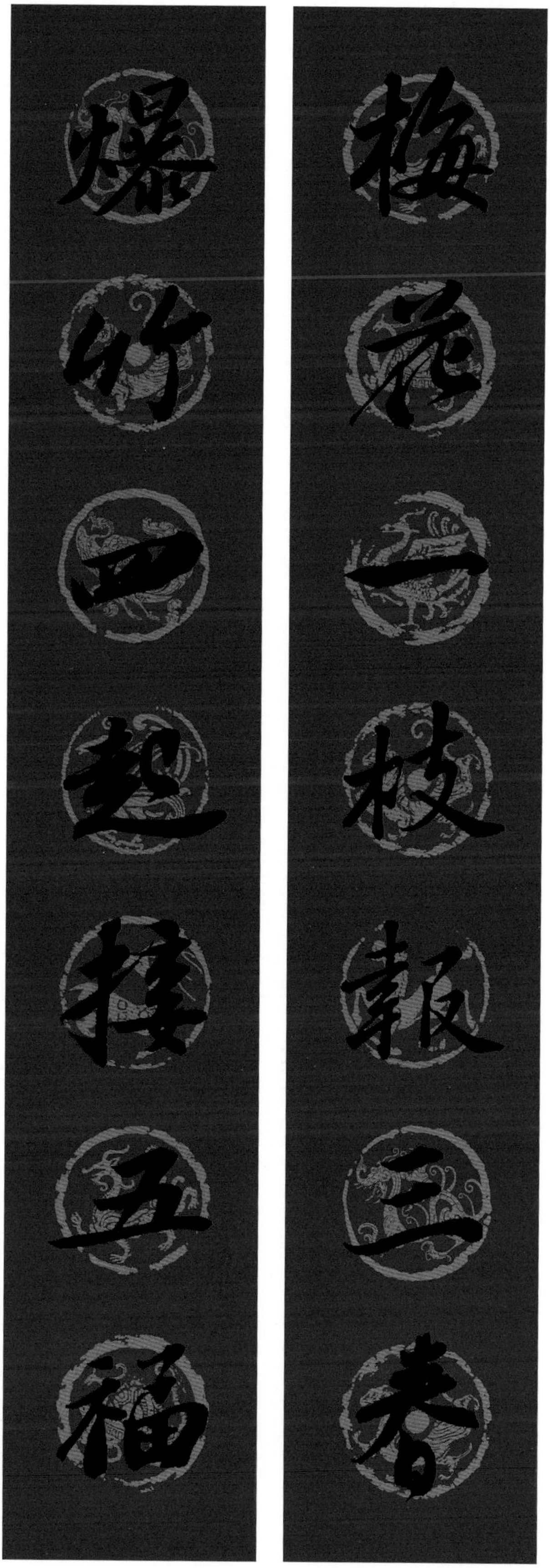

梅花一枝报三春
爆竹四起接五福

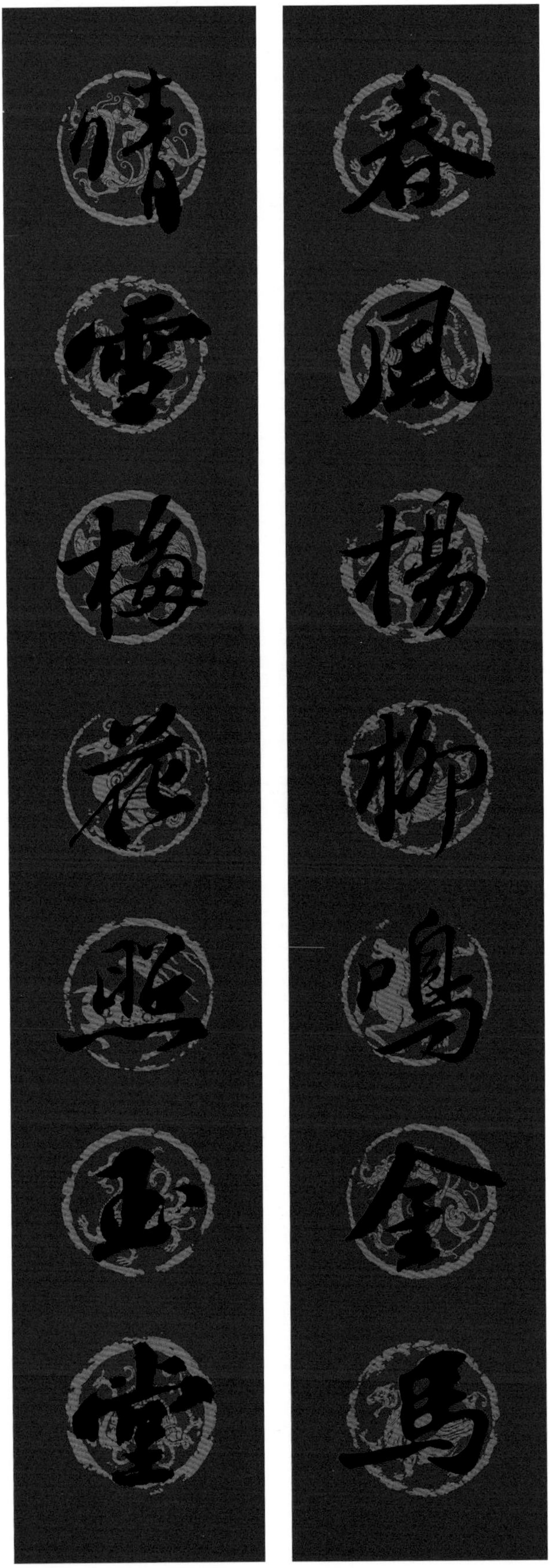

春风杨柳鸣金马
晴雪梅花照玉堂

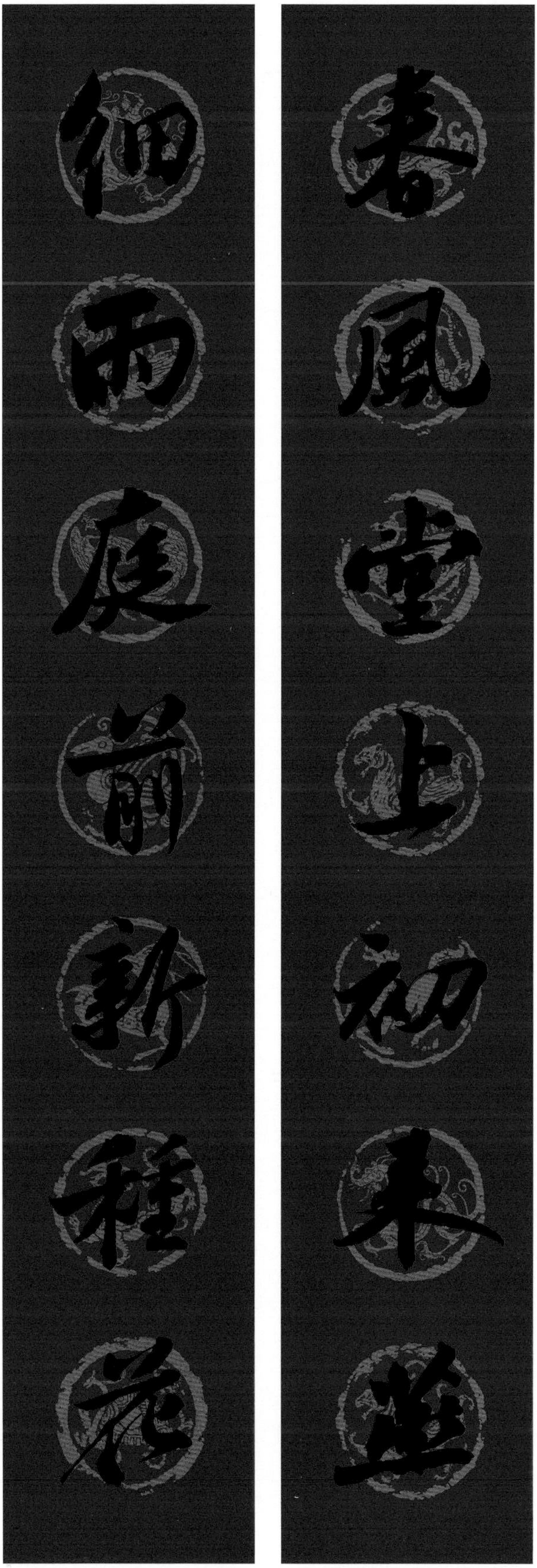

春风堂上初来燕
细雨庭前新种花

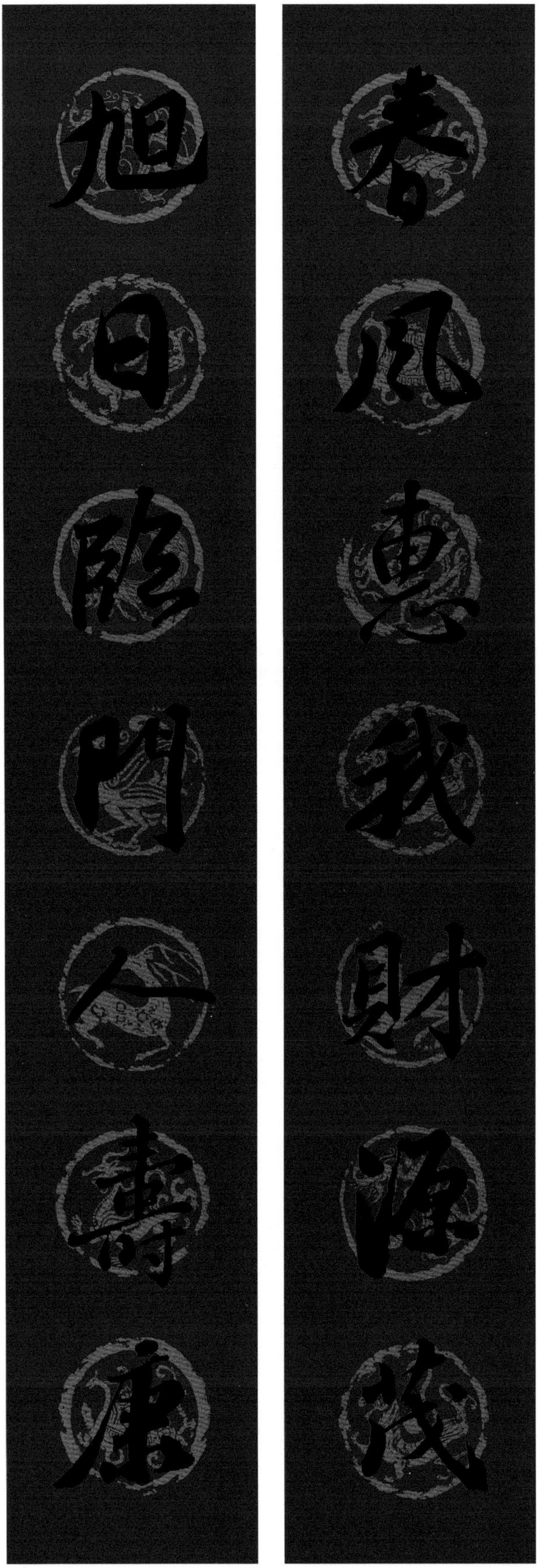

春风惠我财源茂
旭日临门人寿康

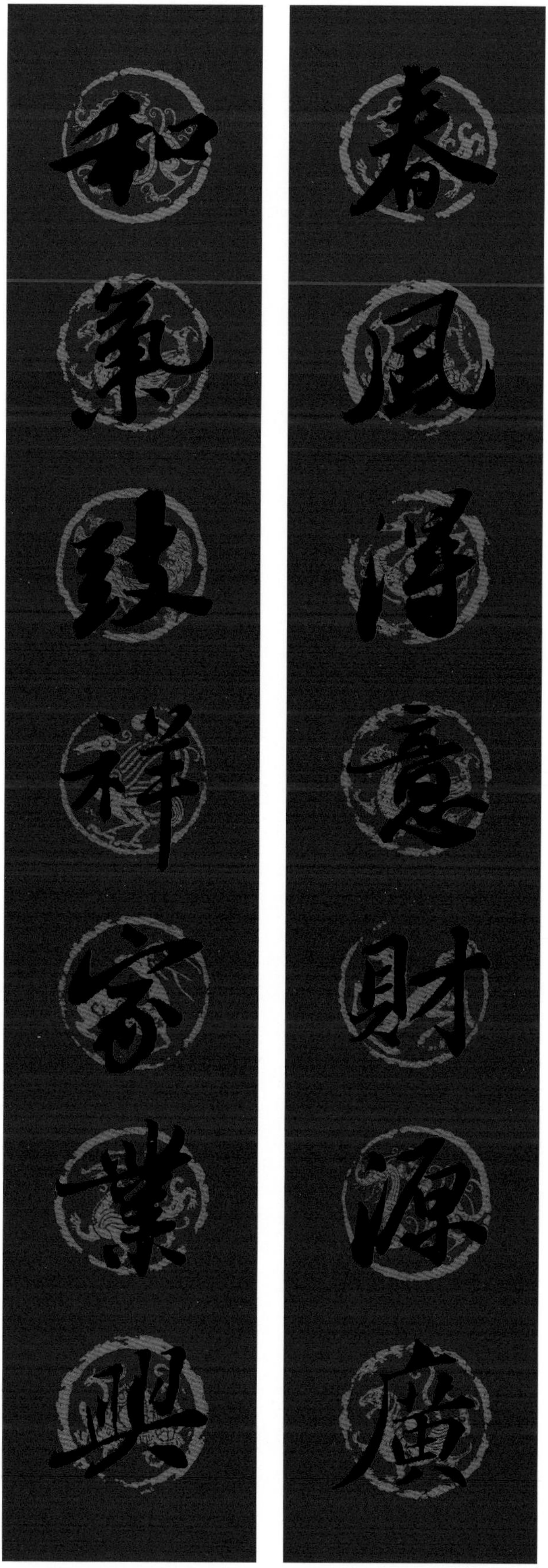

春风得意财源广
和气致祥家业兴

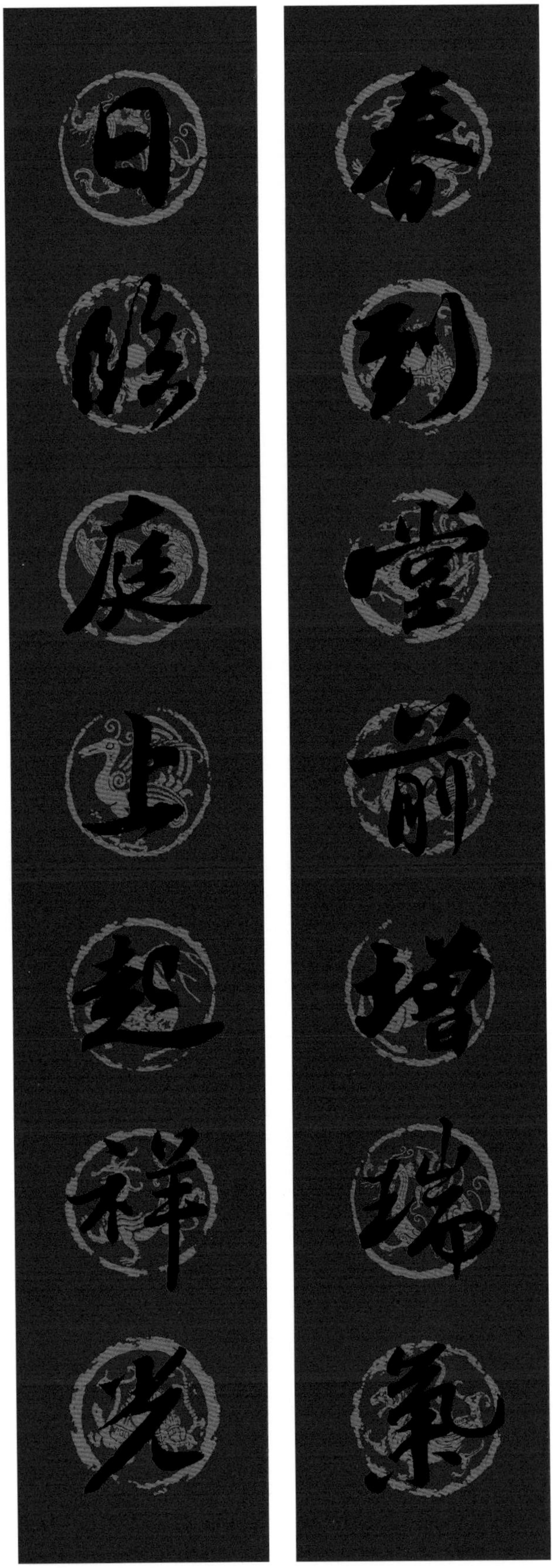

春到堂前增瑞气
日临庭上起祥光

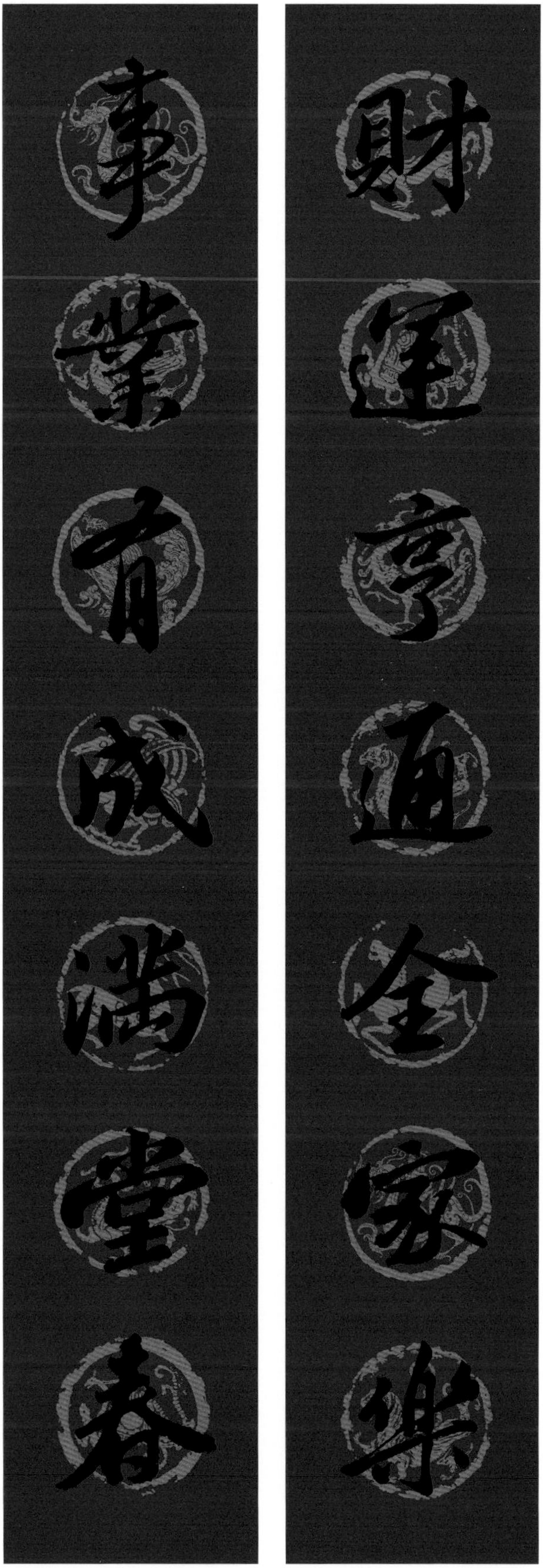

财运亨通全家乐
事业有成满堂春

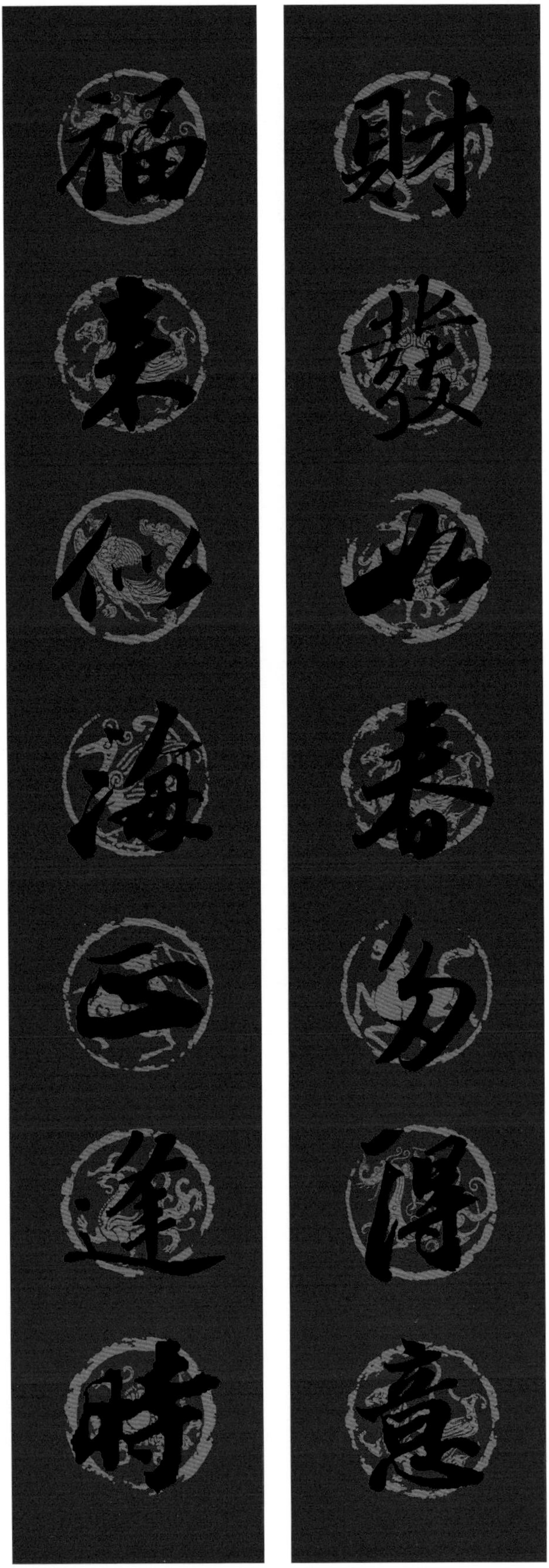

财发如春多得意
福来似海正逢时

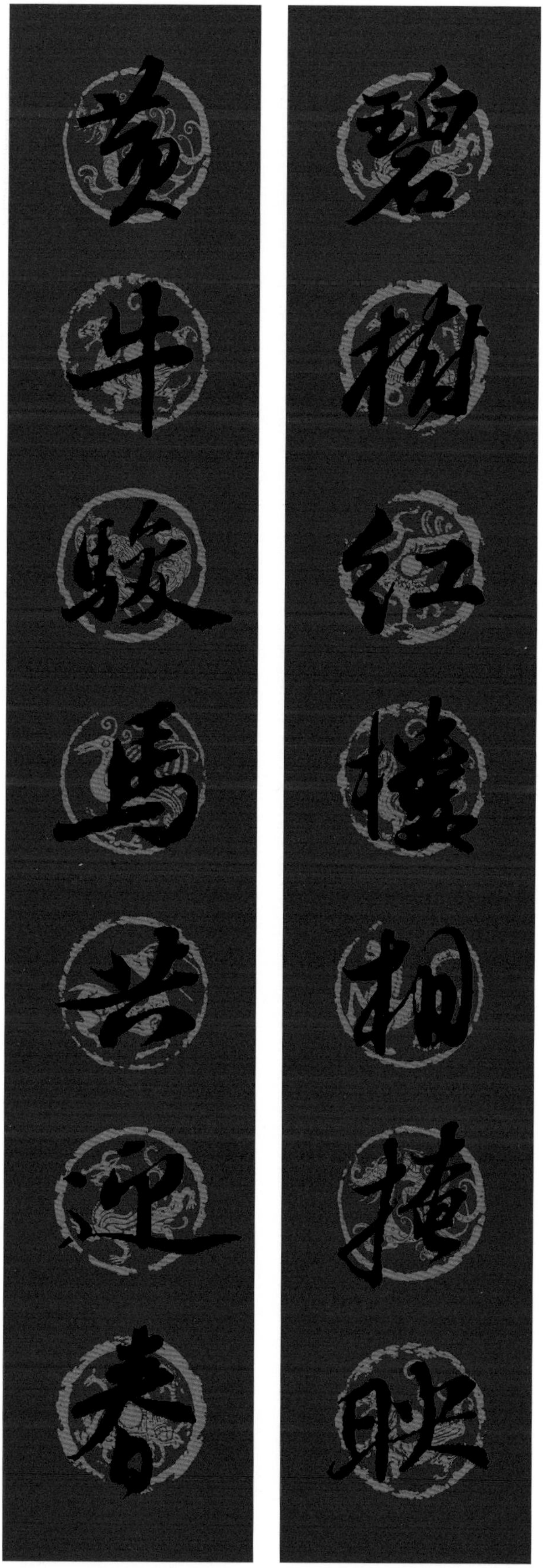

碧树红楼相掩映
黄牛骏马共迎春

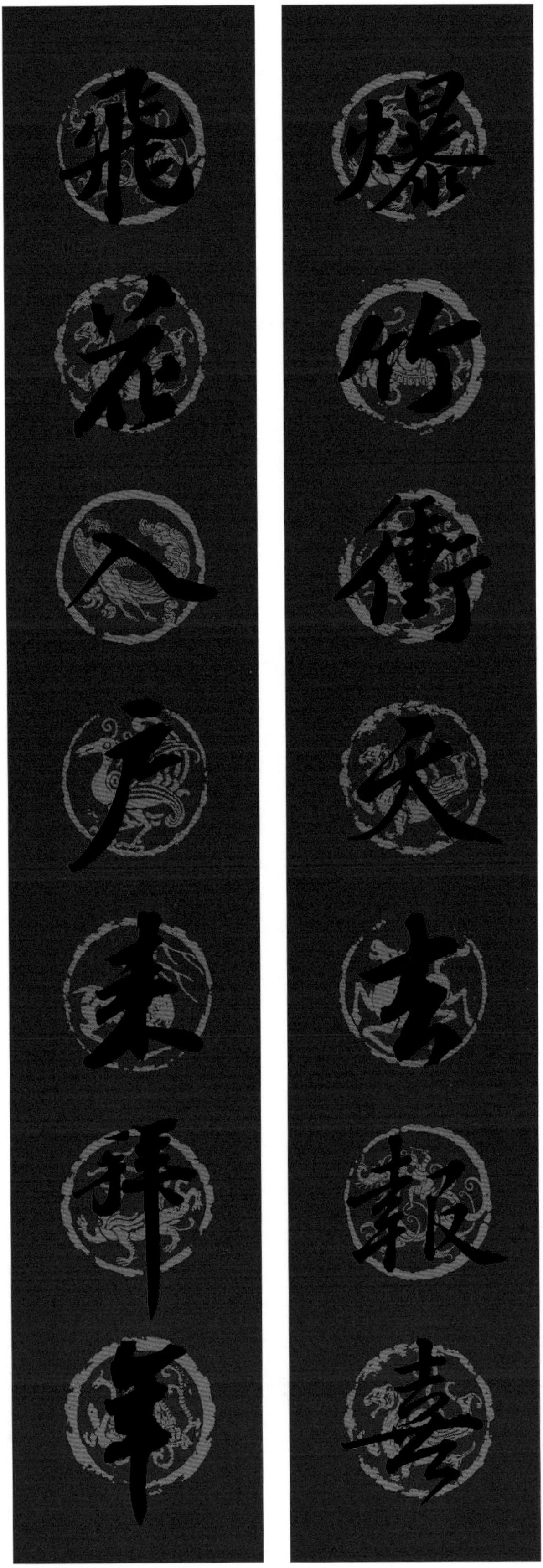

爆竹冲天去报喜
飞花入户来拜年

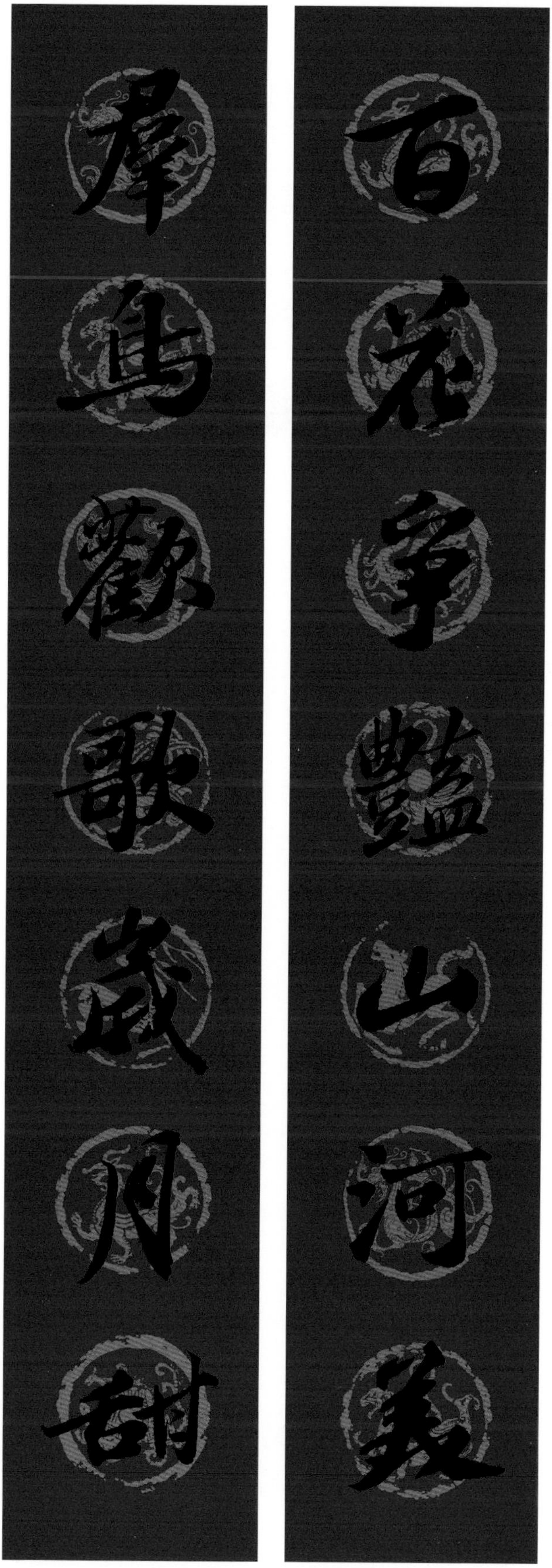

百花争艳山河美
群鸟欢歌岁月甜

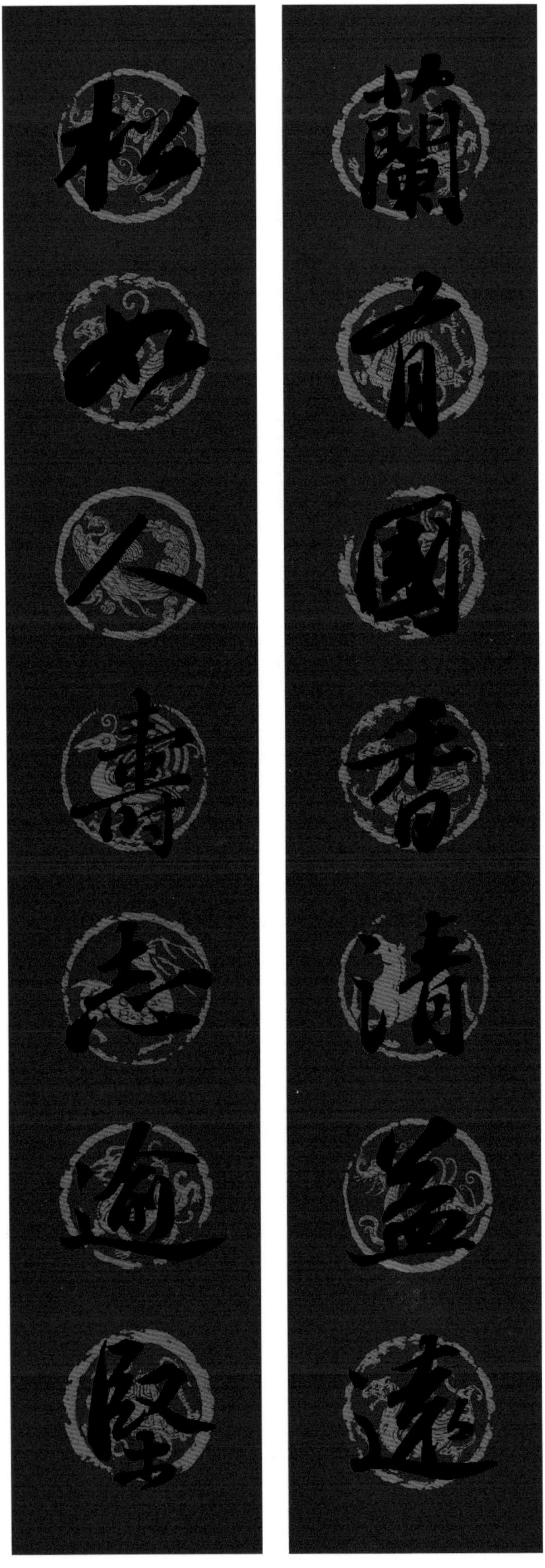

兰有国香清益远
松如人寿志逾坚

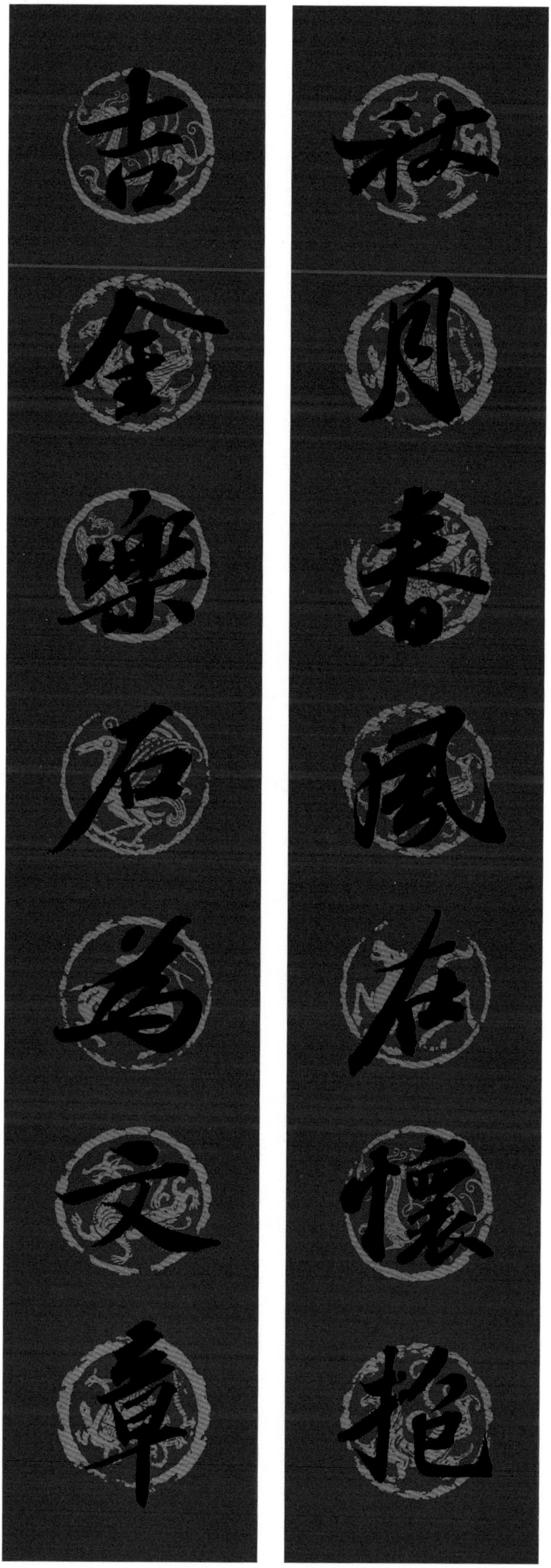

秋月春风在怀抱
吉金乐石为文章

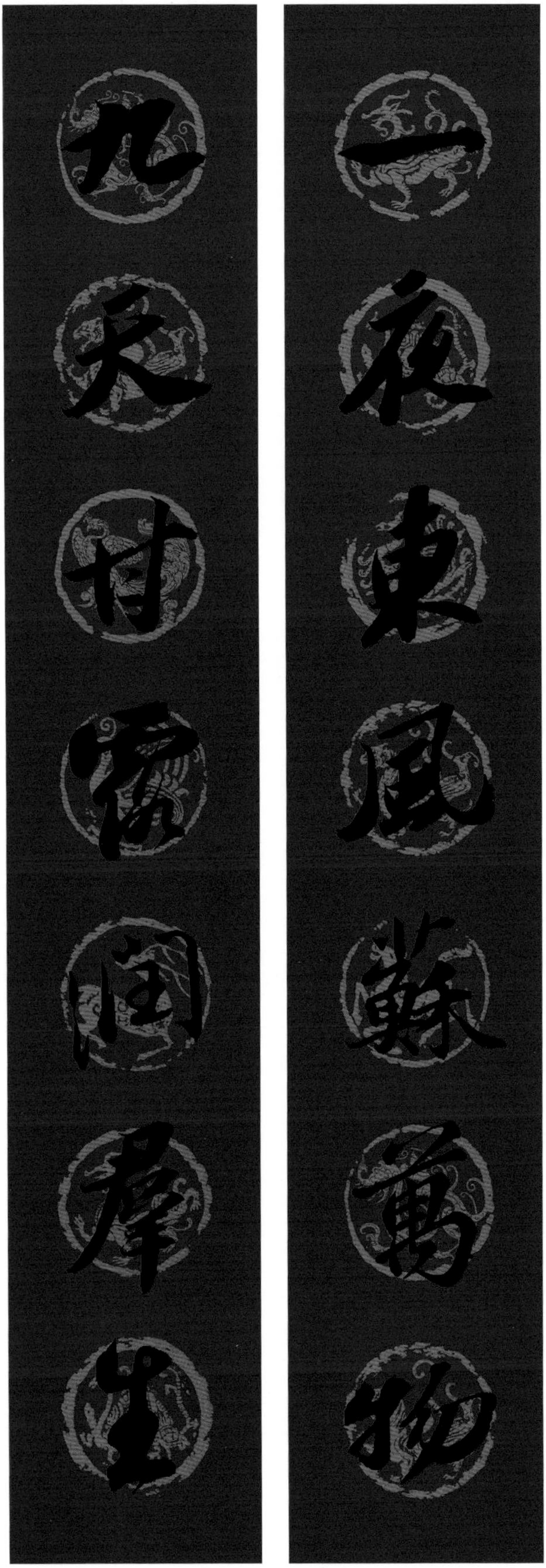

一夜东风苏万物
九天甘露润群生

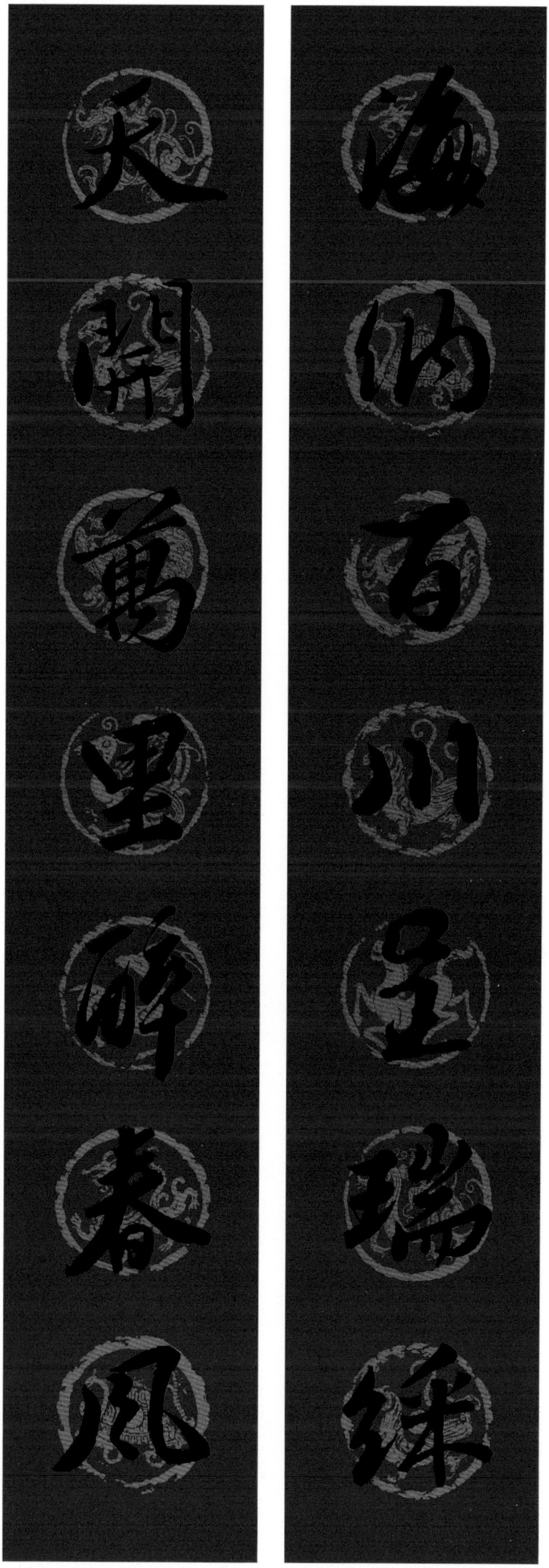

海纳百川呈瑞彩
天开万里醉春风

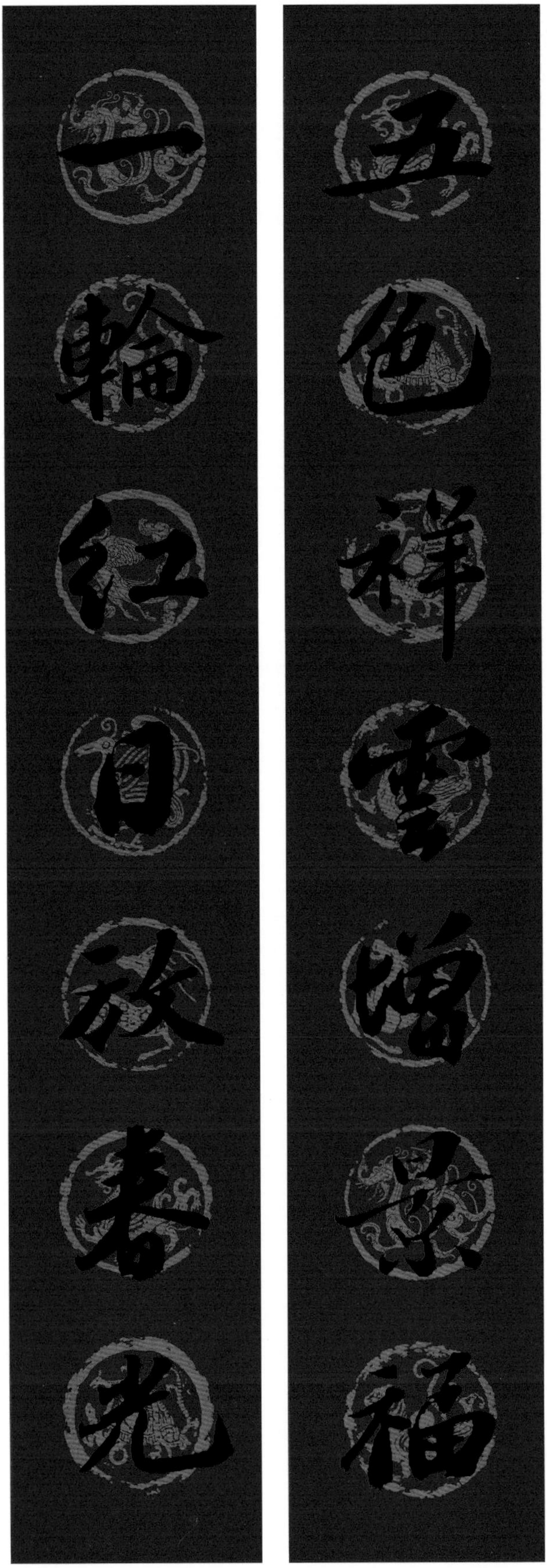

五色祥云增景福
一轮红日放春光

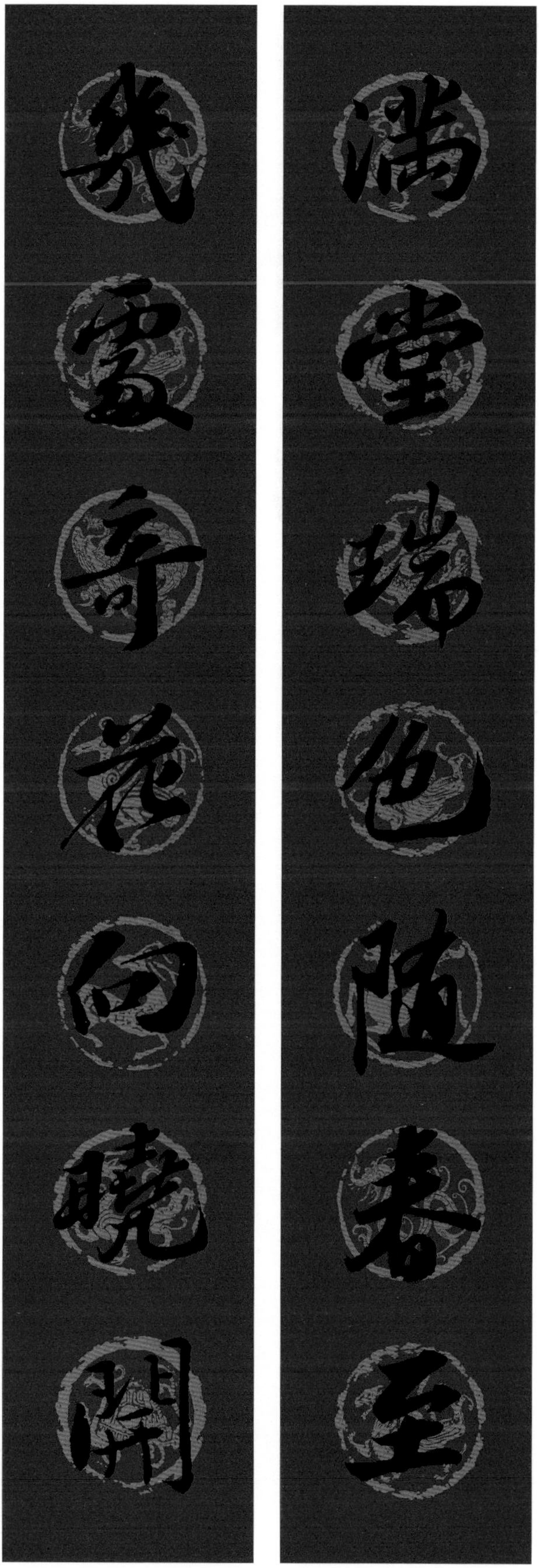

满堂瑞色随春至
几处奇花向晓开

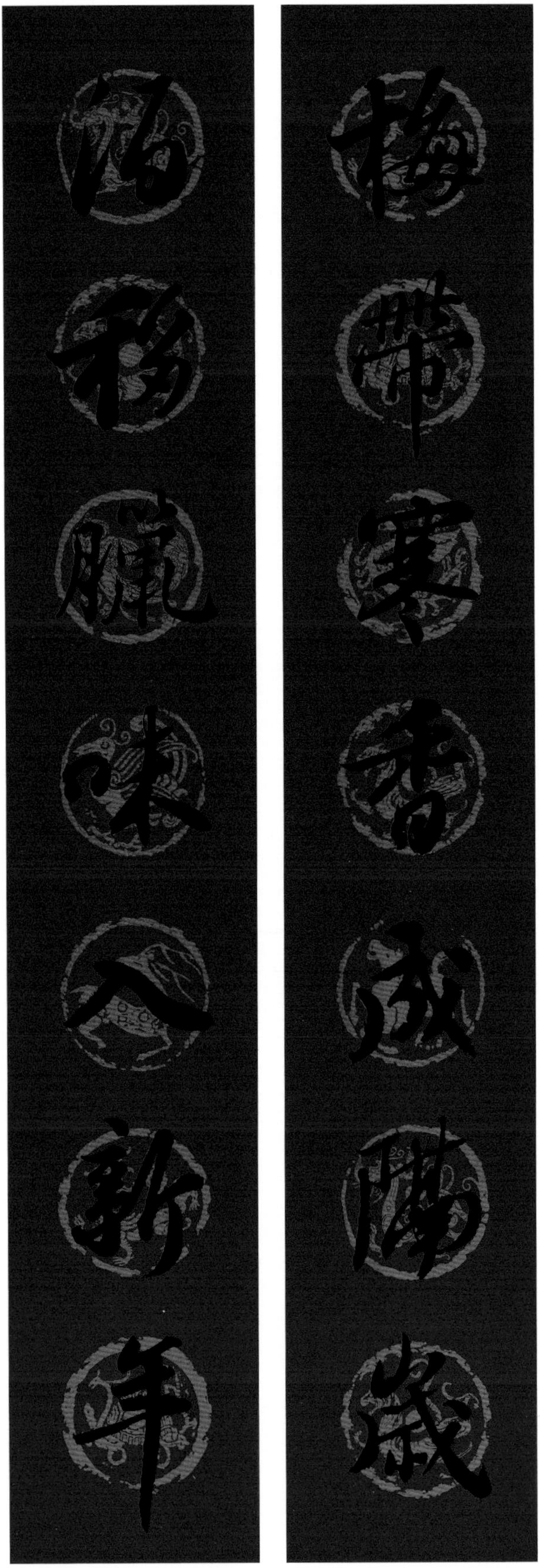

梅带寒香成隔岁
酒移腊味入新年

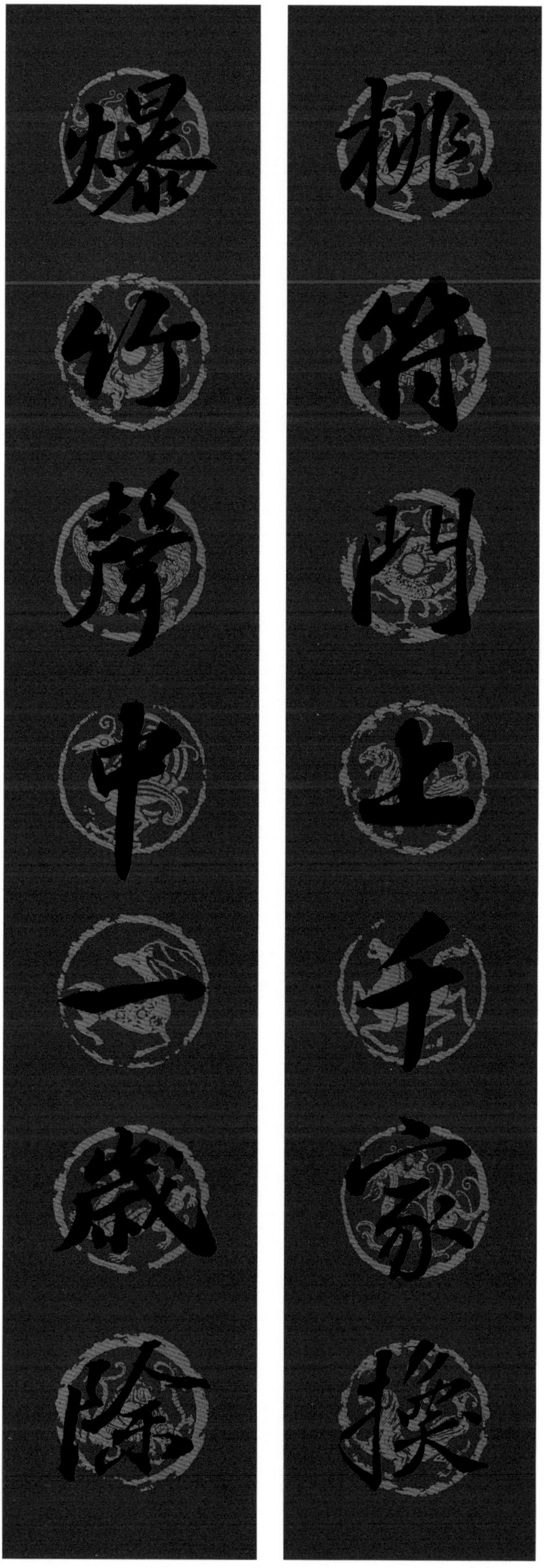

桃符门上千家换
爆竹声中一岁除

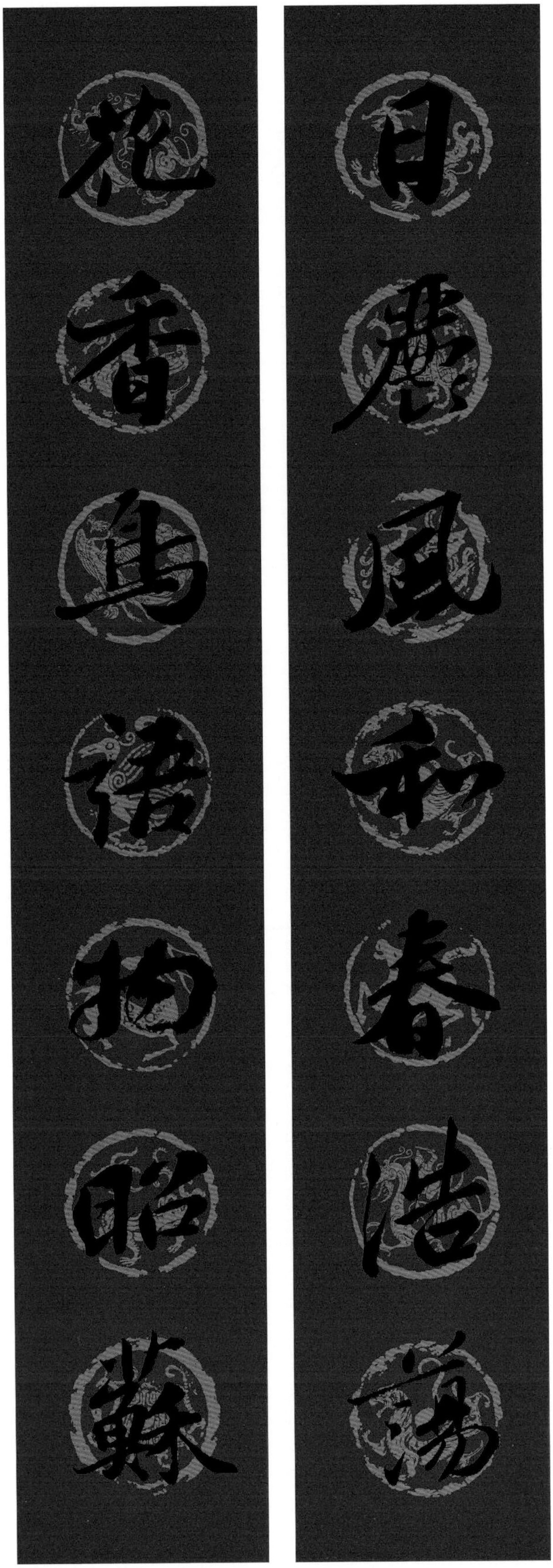

日丽风和春浩荡
花香鸟语物昭苏

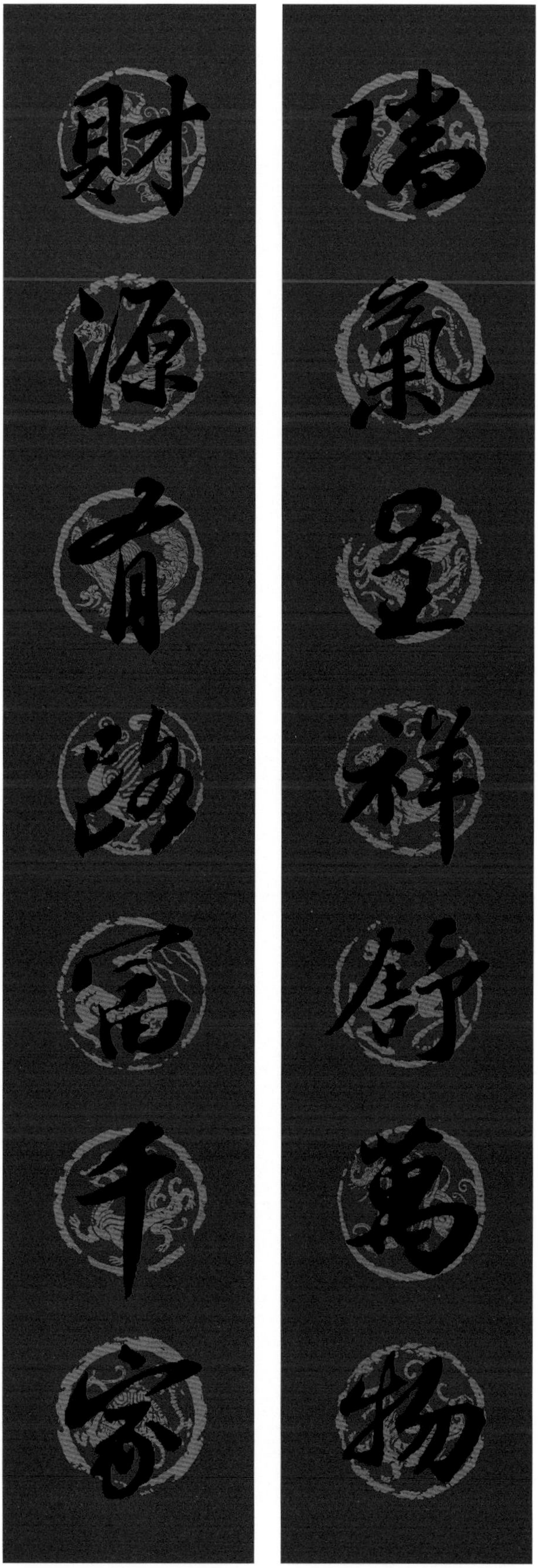

瑞气呈祥舒万物
财源有路富千家

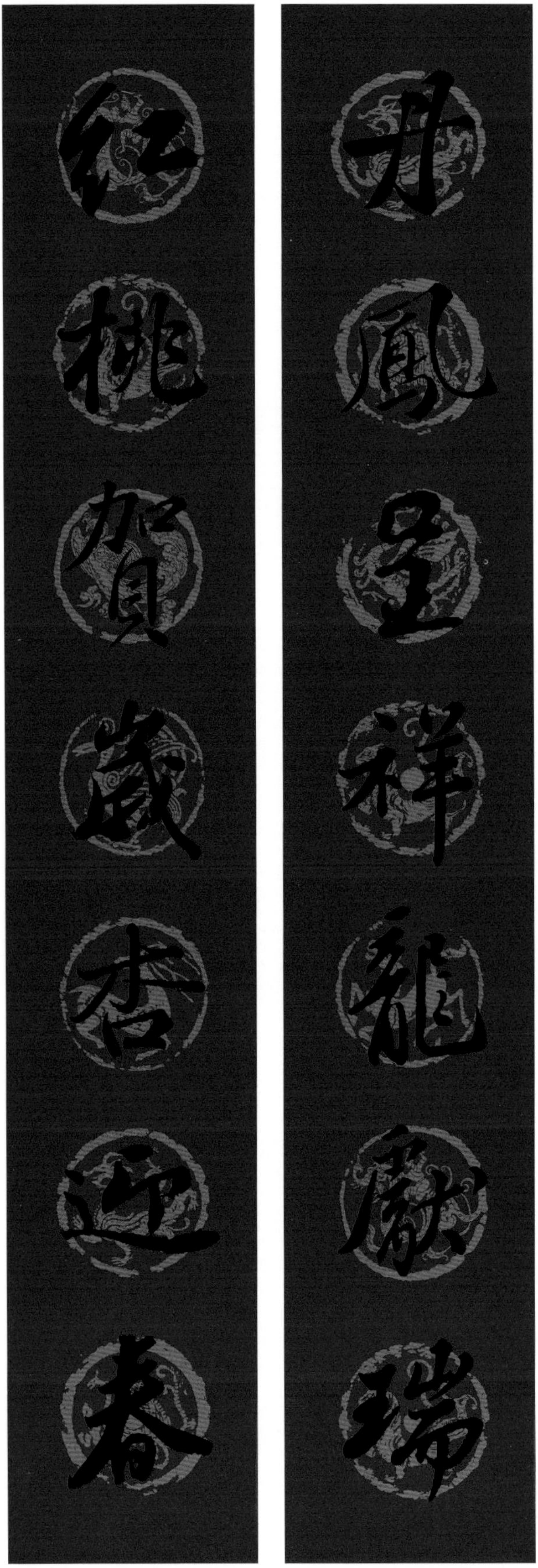

丹凤呈祥龙献瑞
红桃贺岁杏迎春

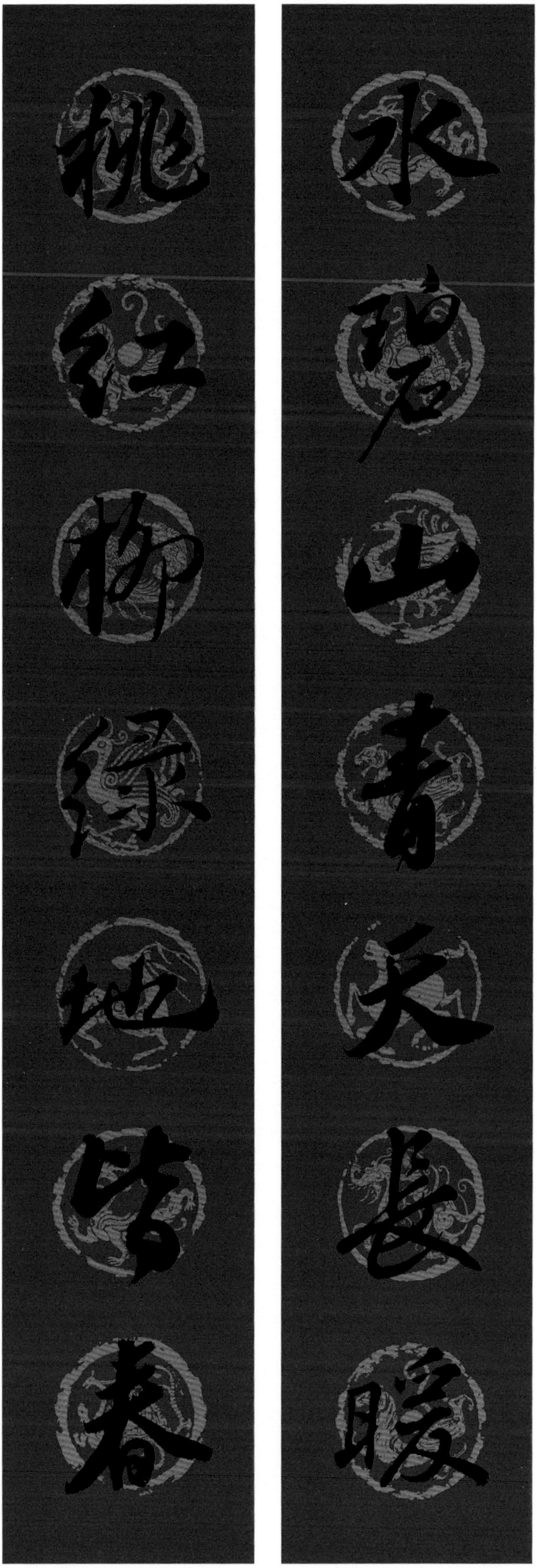

水碧山青天长暖
桃红柳绿地皆春

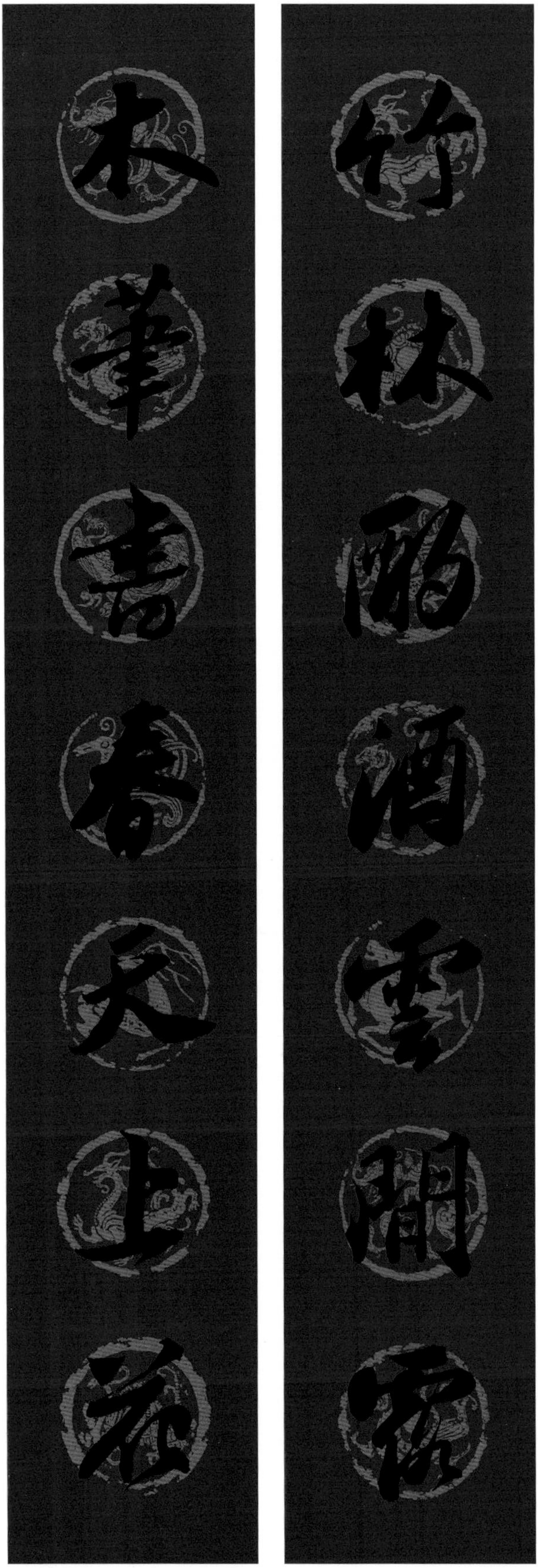

竹林酌酒云间露
木笔书春天上花

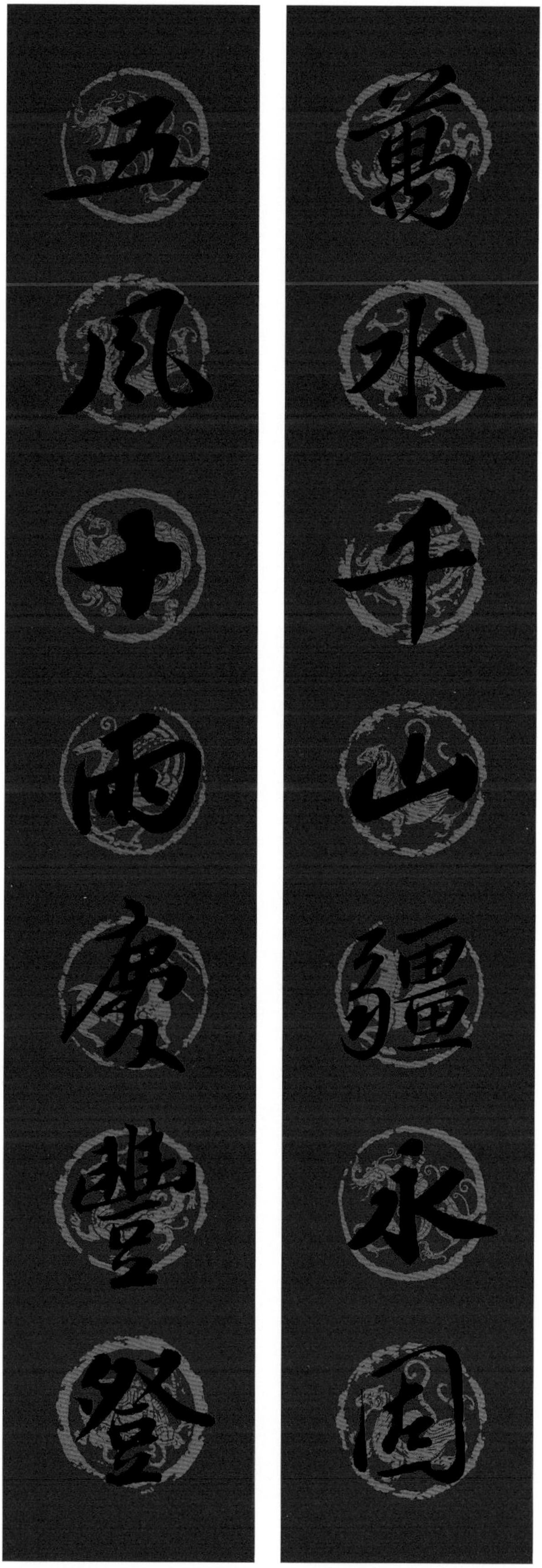

万水千山疆永固
五风十雨庆丰登

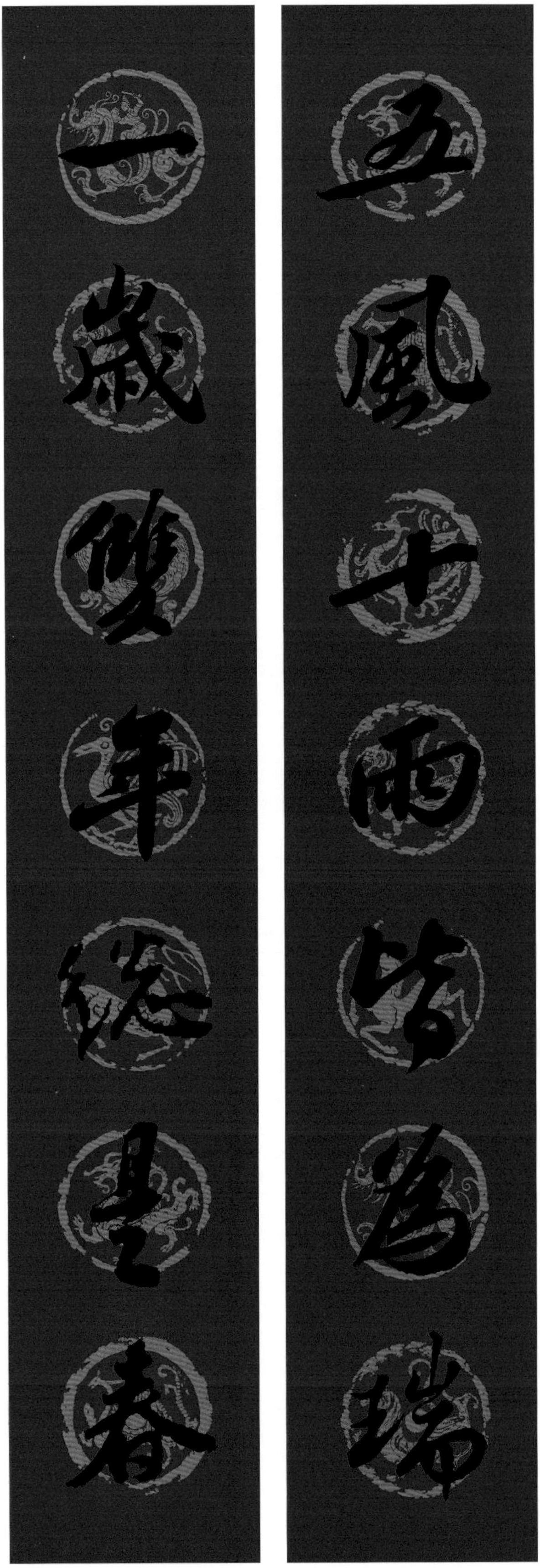
五風十雨皆為瑞
一歲雙年總是春

五风十雨皆为瑞
一岁双年总是春

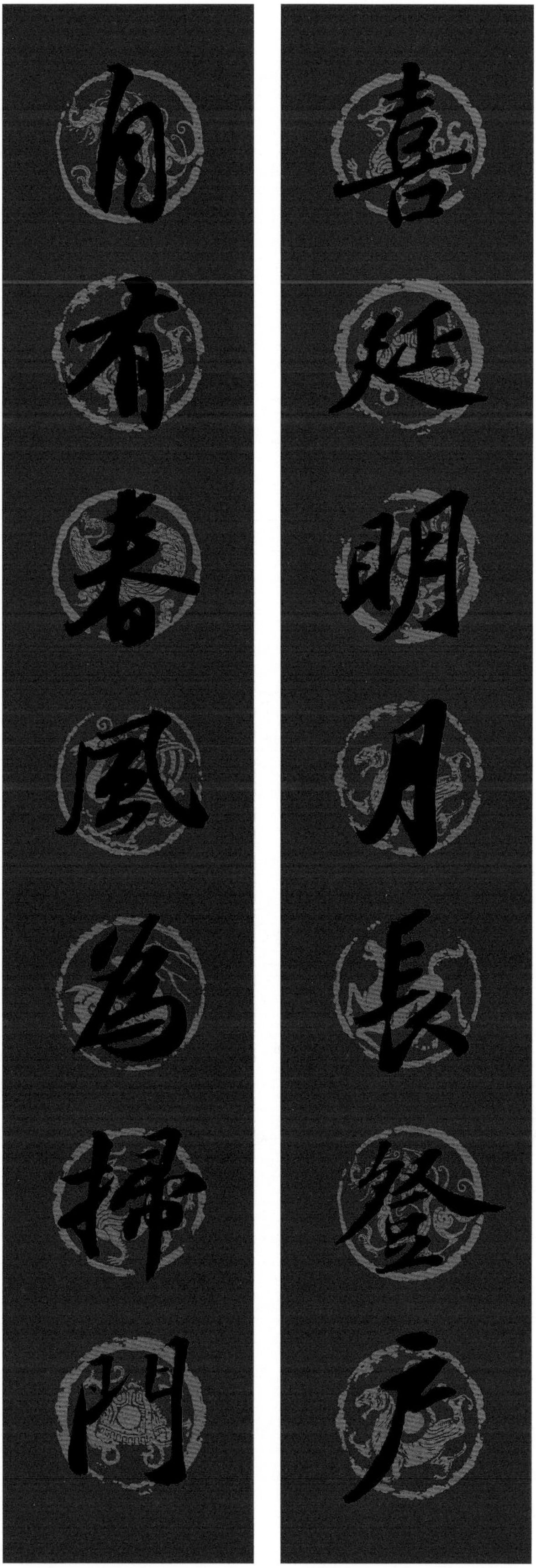

喜延明月长登户
自有春风为扫门

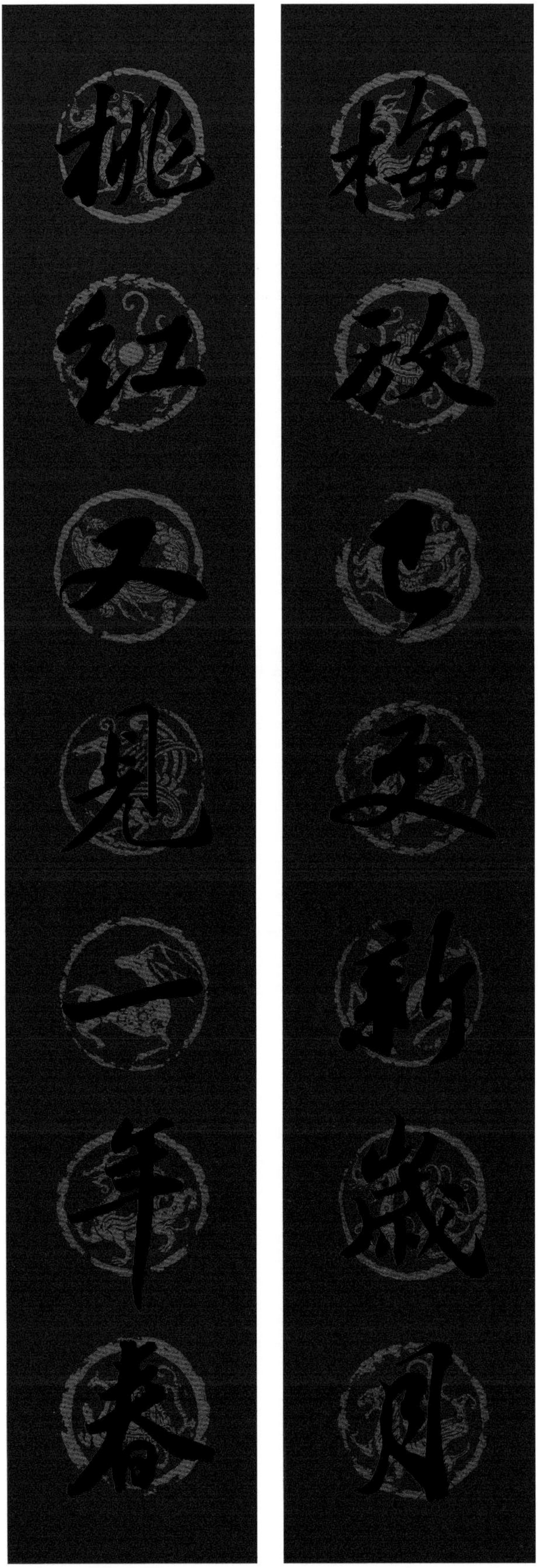

梅放已更新岁月
桃红又见一年春

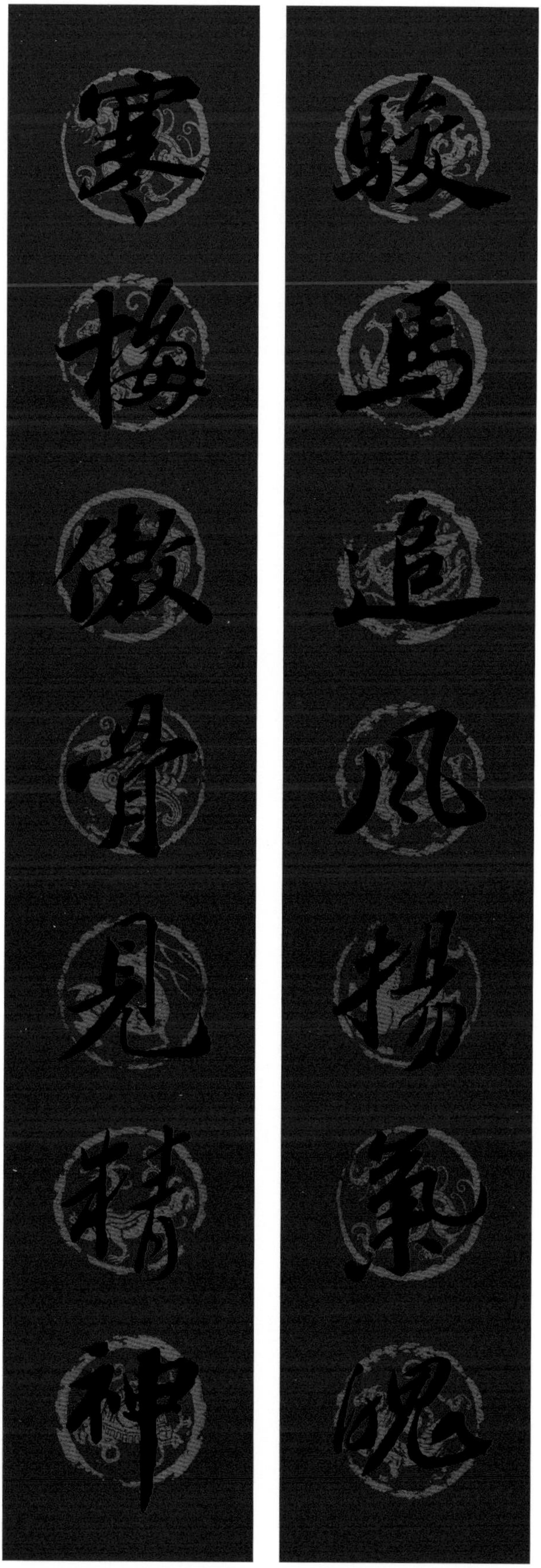

骏马追风扬气魄
寒梅傲骨见精神

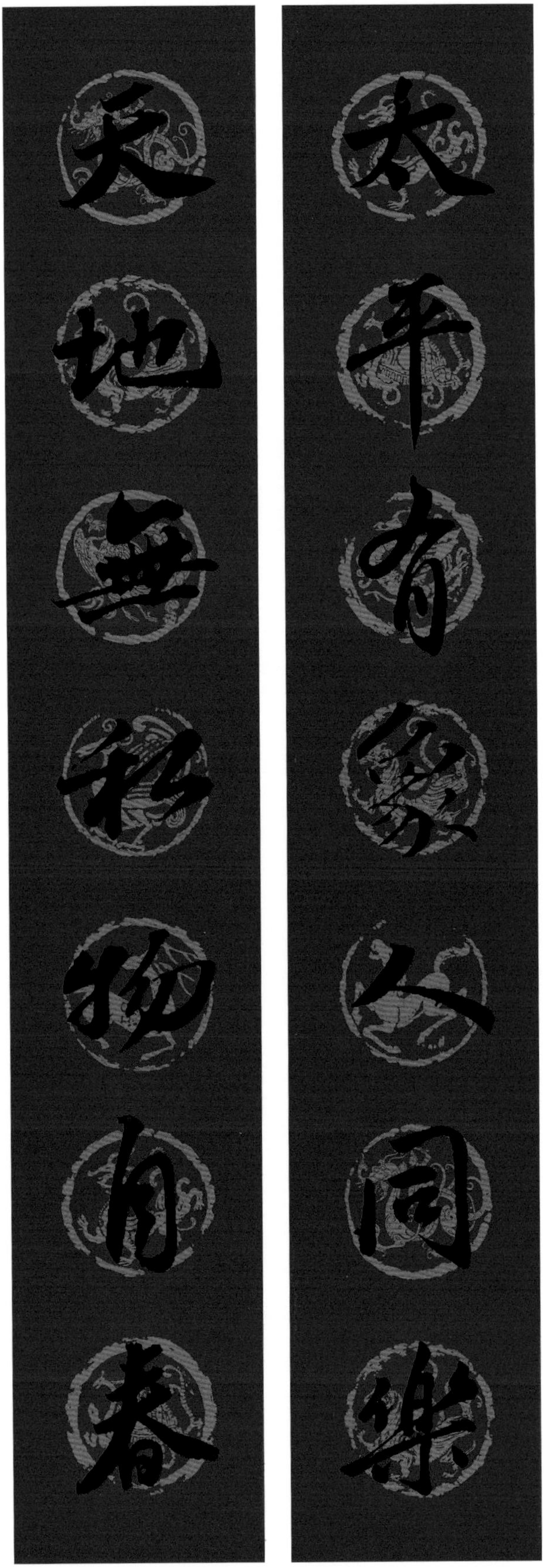

太平有象人同乐
天地无私物自春

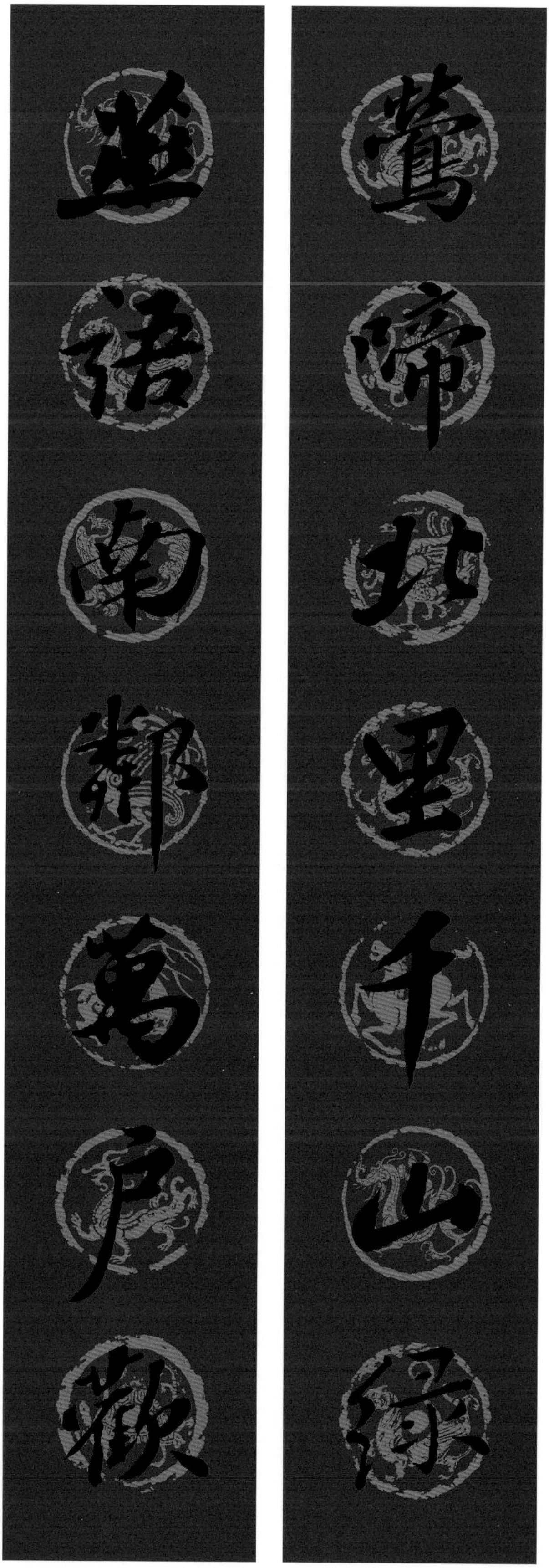

莺啼北里千山绿
燕语南邻万户欢

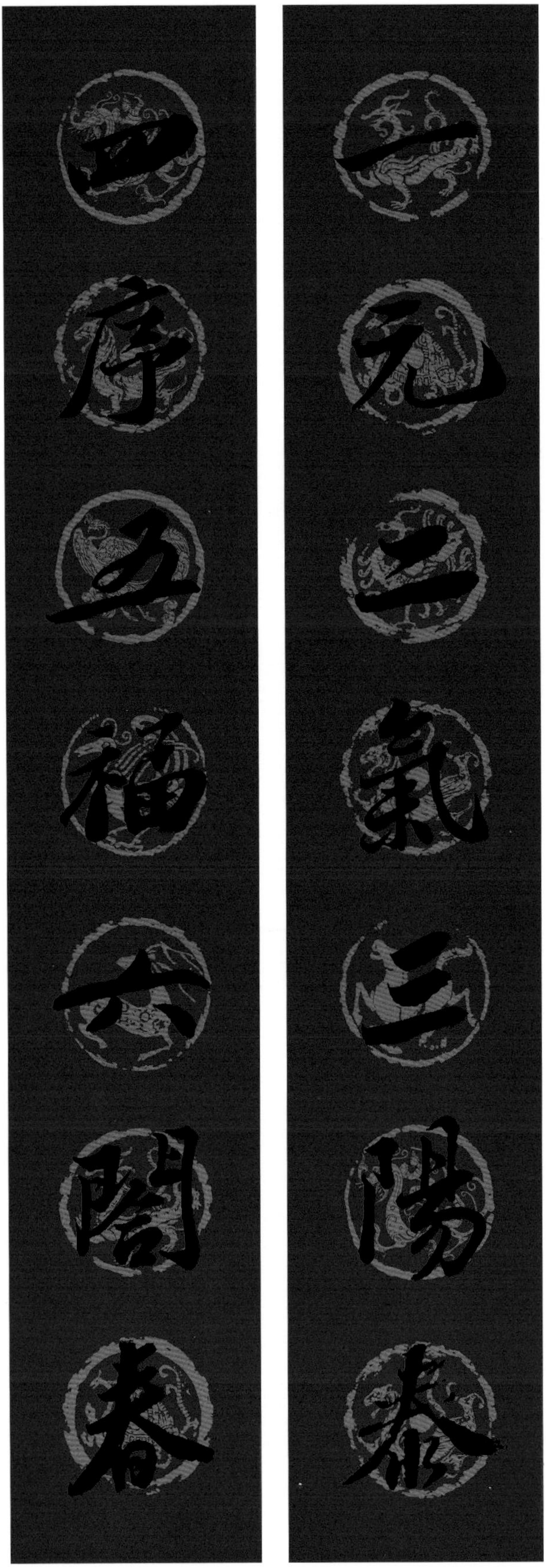

一元二气三阳泰
四序五福六合春

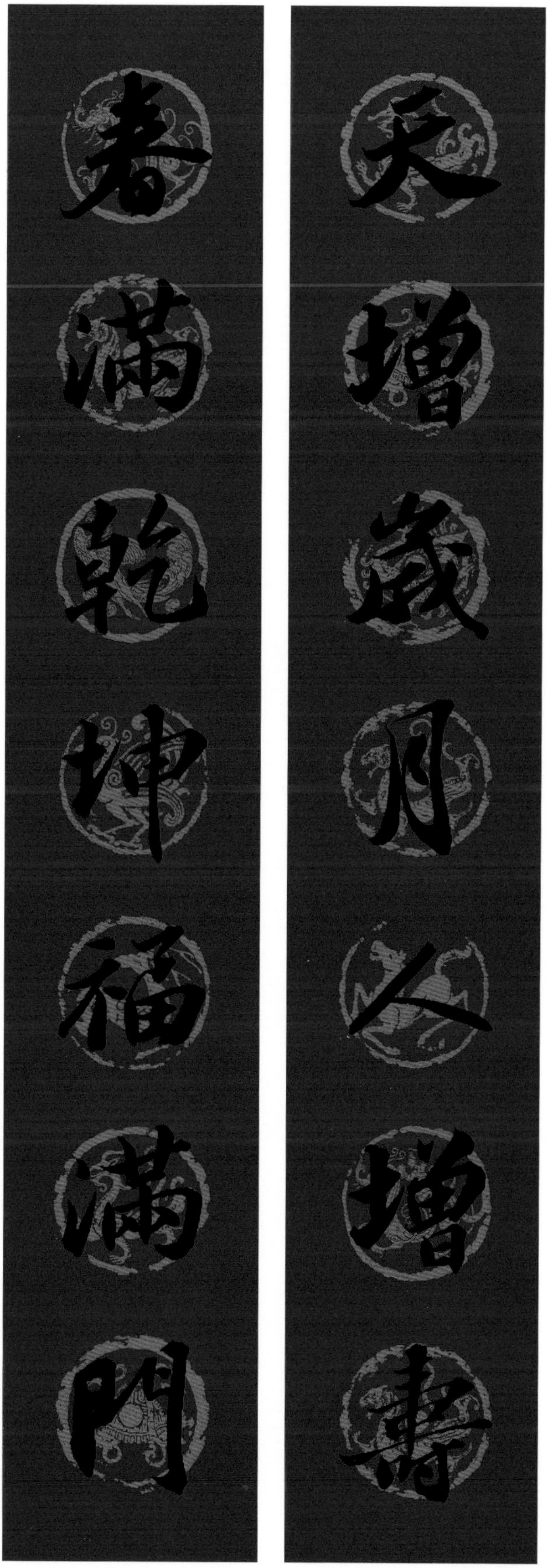

天增岁月人增寿
春满乾坤福满门

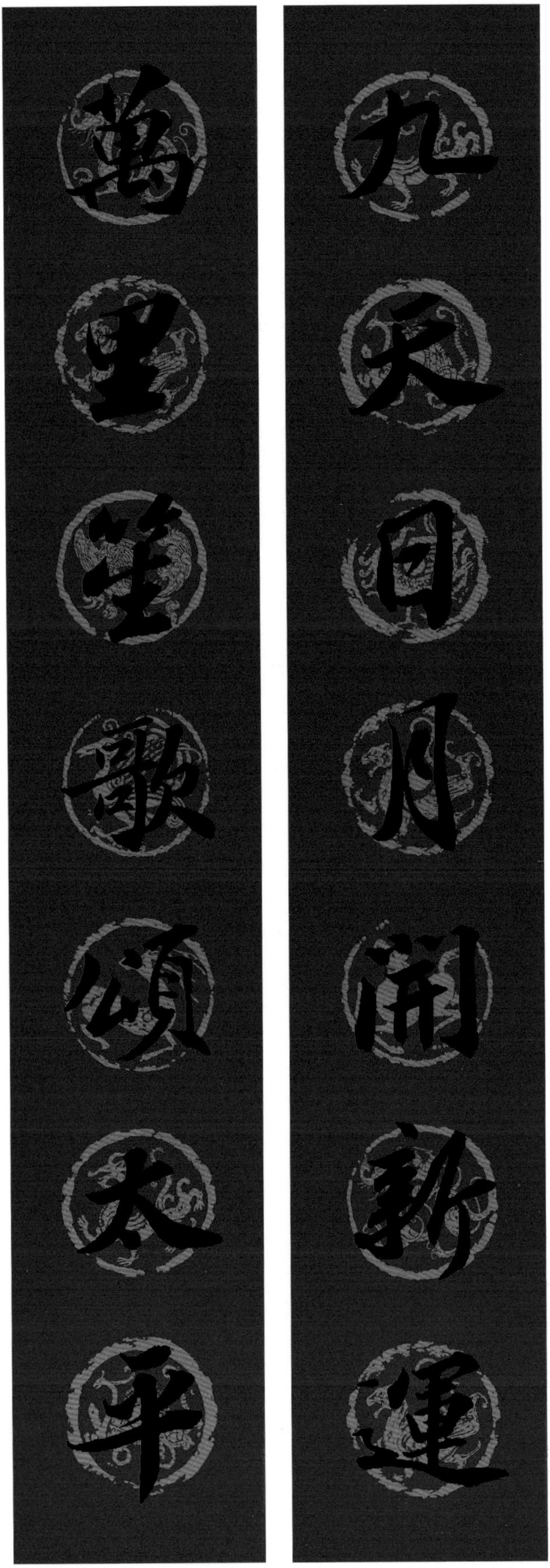

九天日月开新运
万里笙歌颂太平

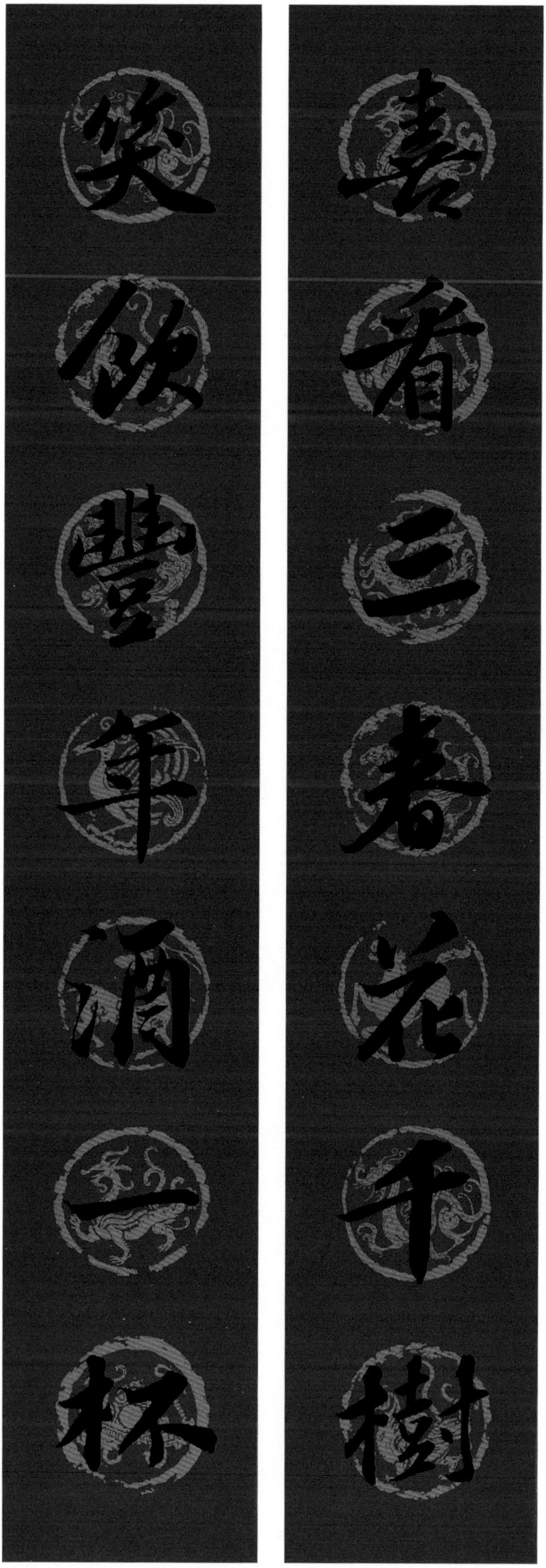

喜看三春花千树
笑饮丰年酒一杯

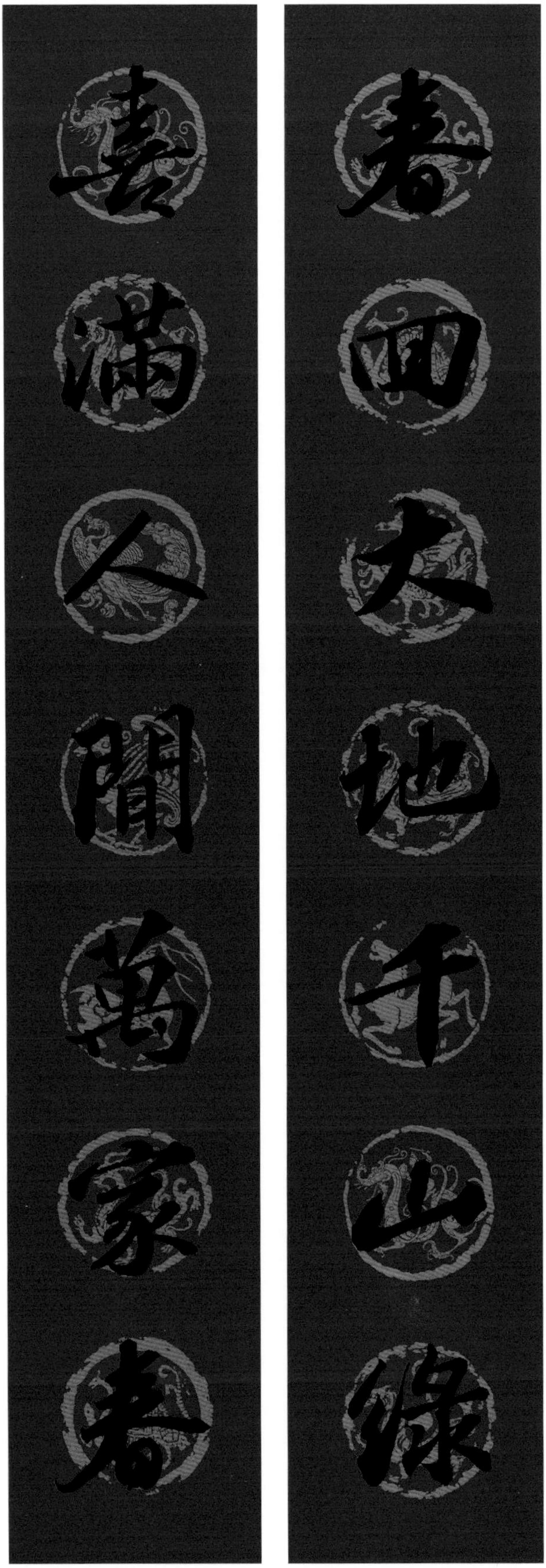

春回大地千山绿
喜满人间万家春

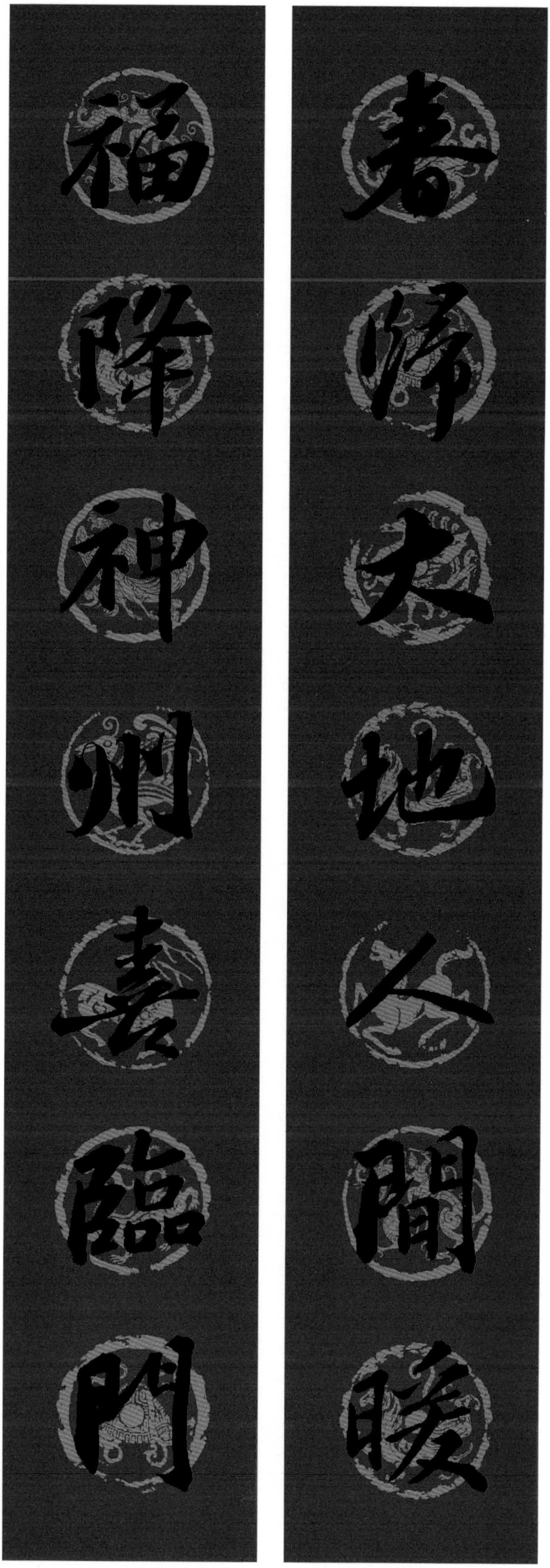

春归大地人间暖
福降神州喜临门

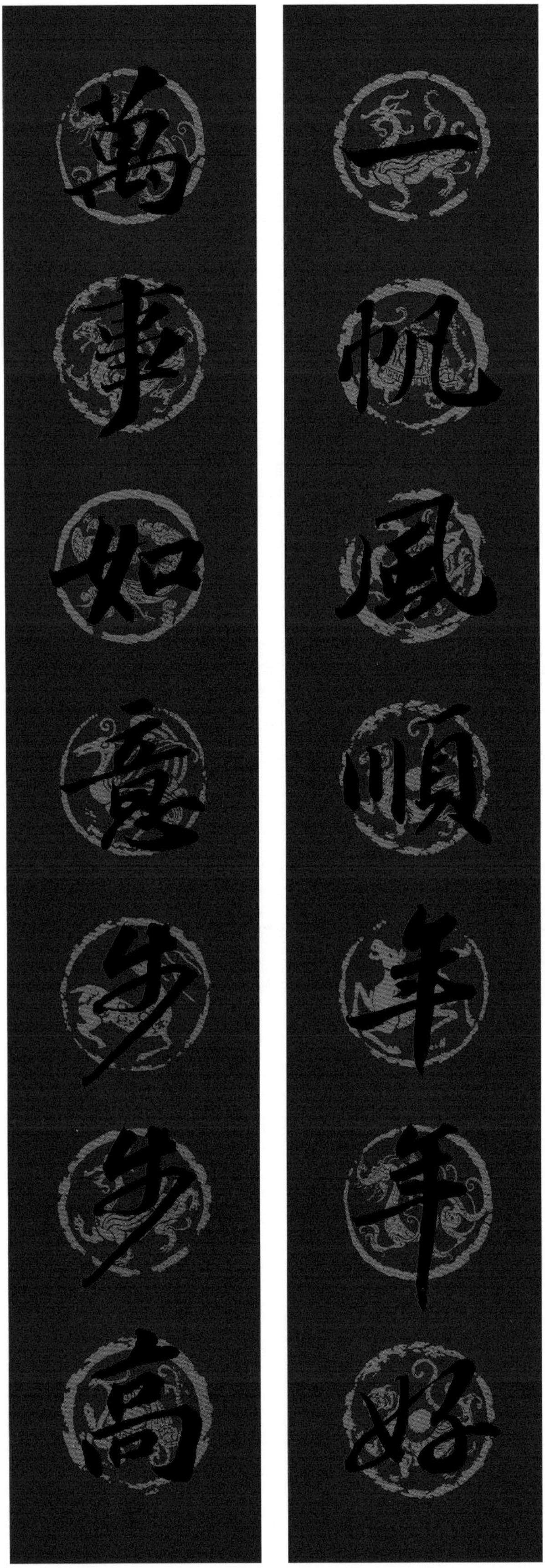

一帆风顺年年好
万事如意步步高

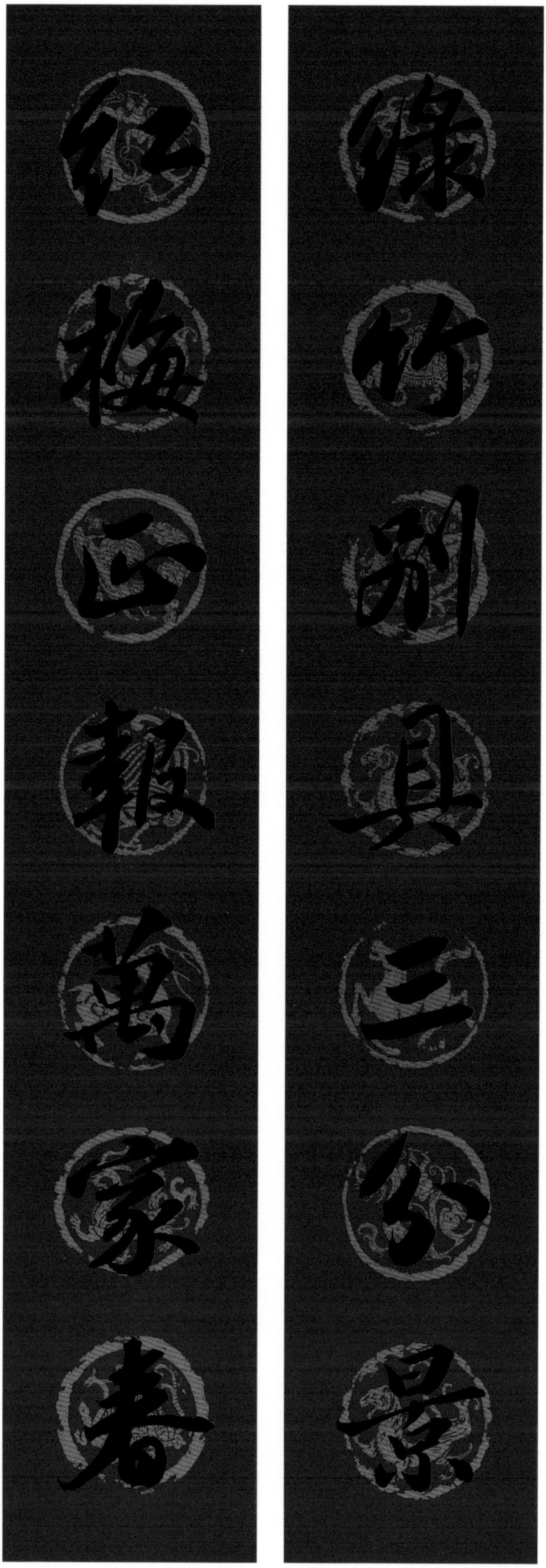

绿竹别具三分景
红梅正报万家春

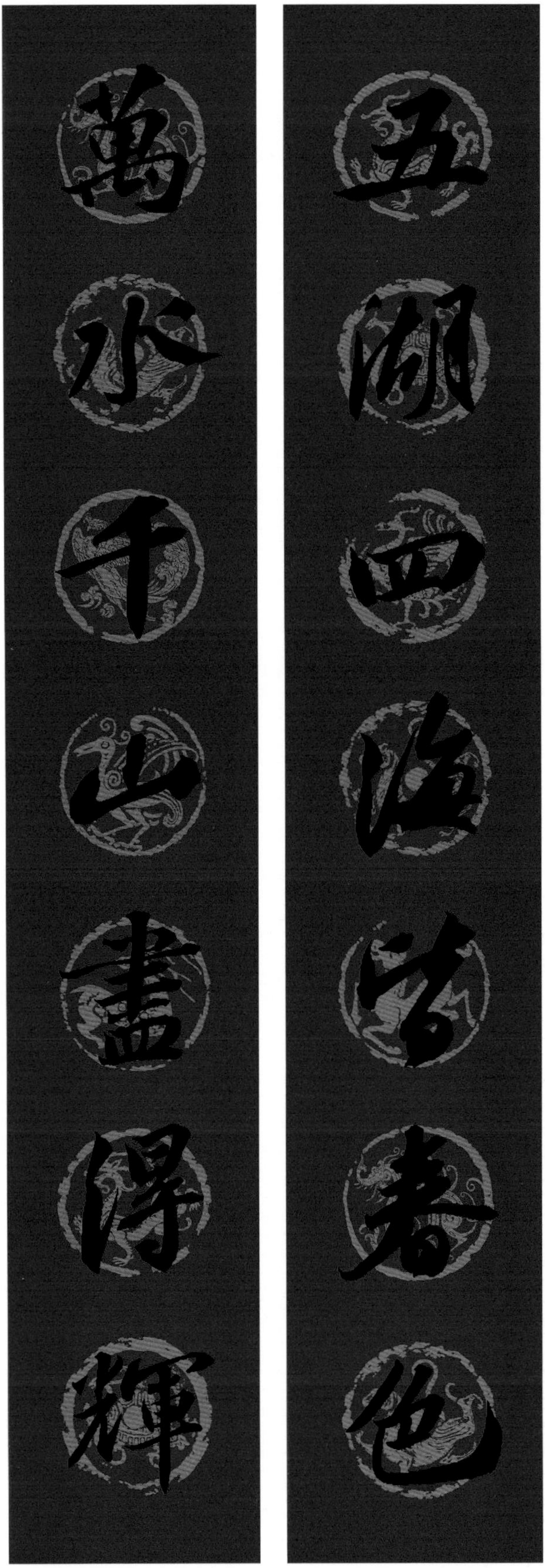

五湖四海皆春色
万水千山尽得辉

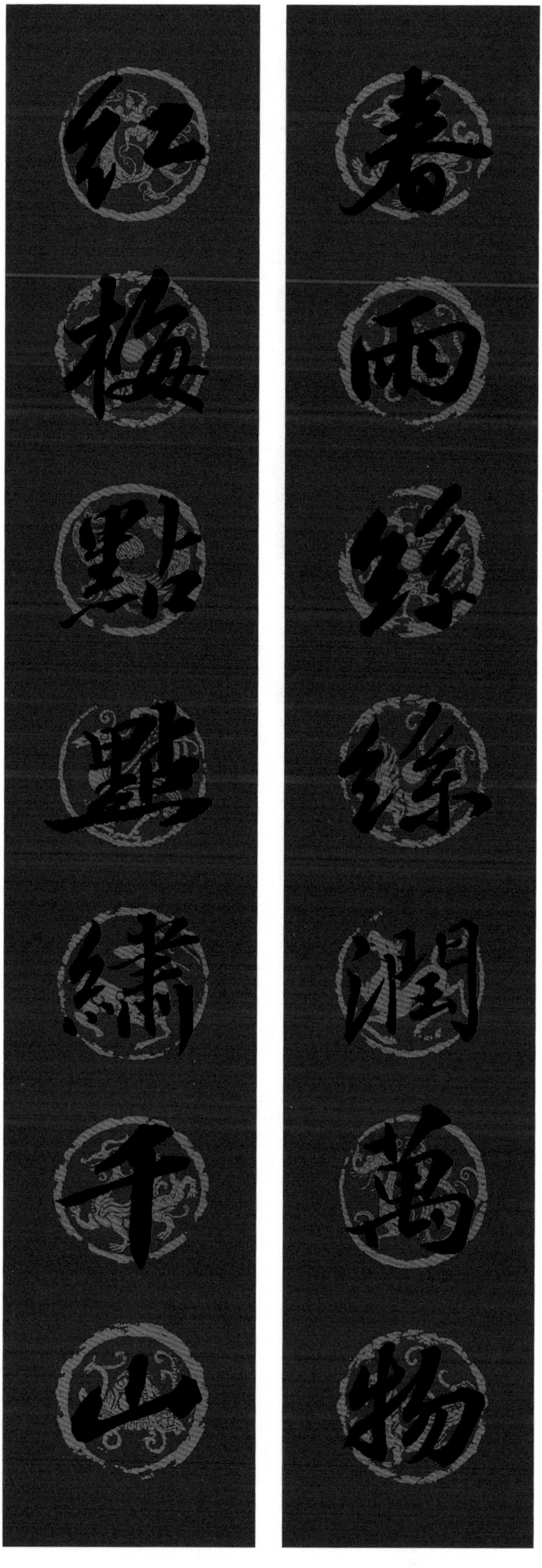

春雨丝丝润万物
红梅点点绣千山

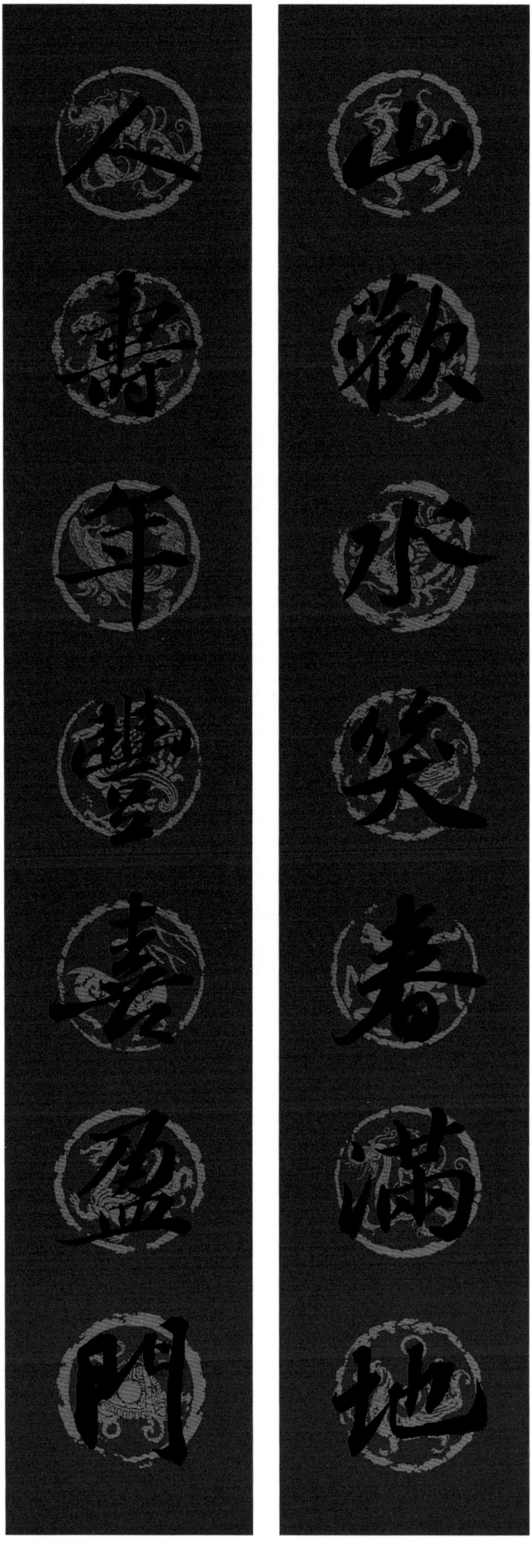

山欢水笑春满地
人寿年丰喜盈门

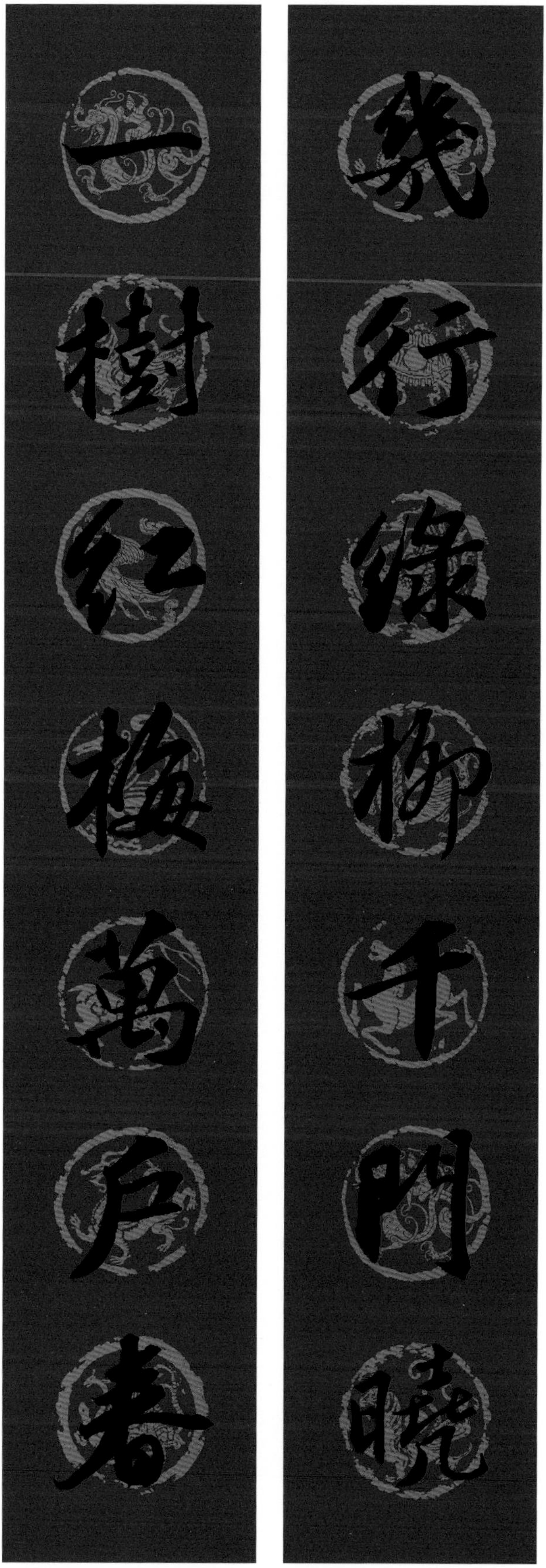

几行绿柳千门晓
一树红梅万户春

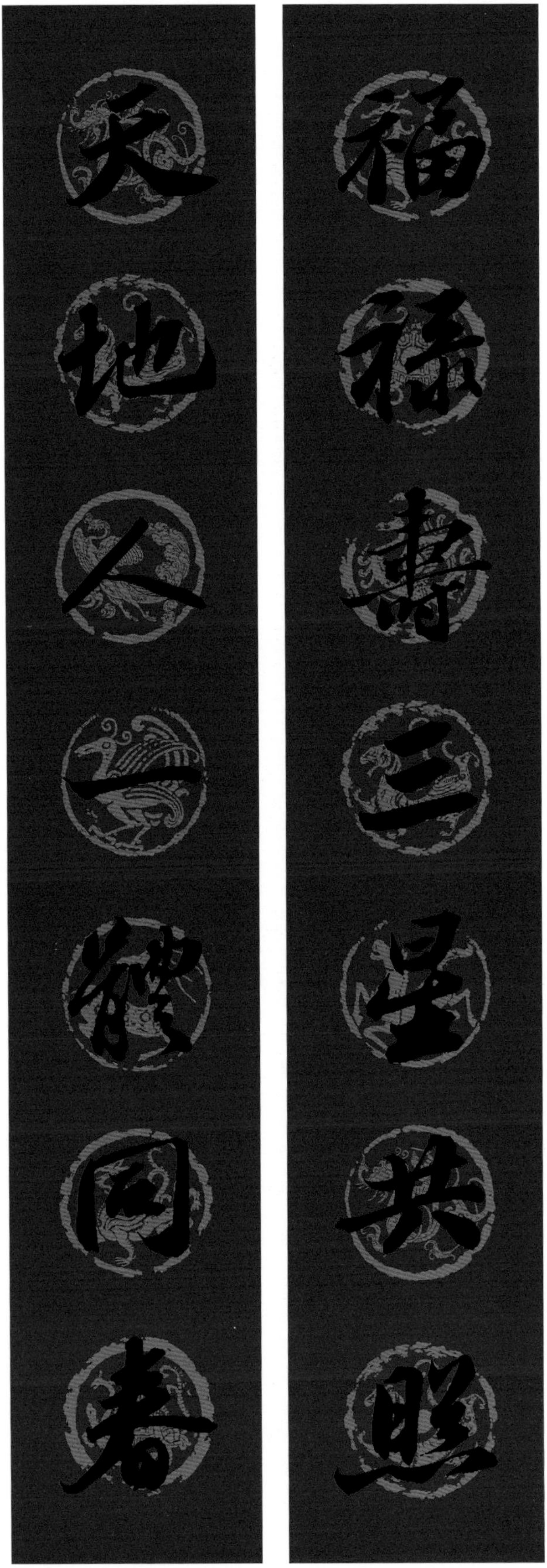

福禄寿三星共照
天地人一体同春

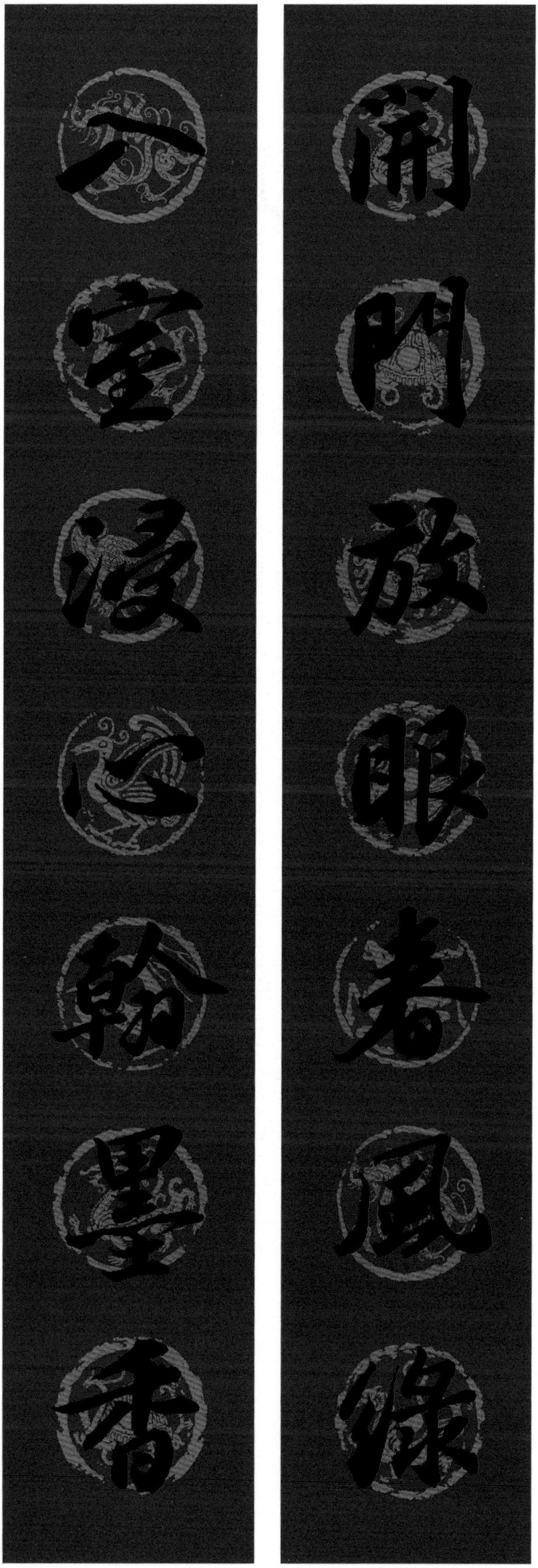

开门放眼春风绿
入室浸心翰墨香

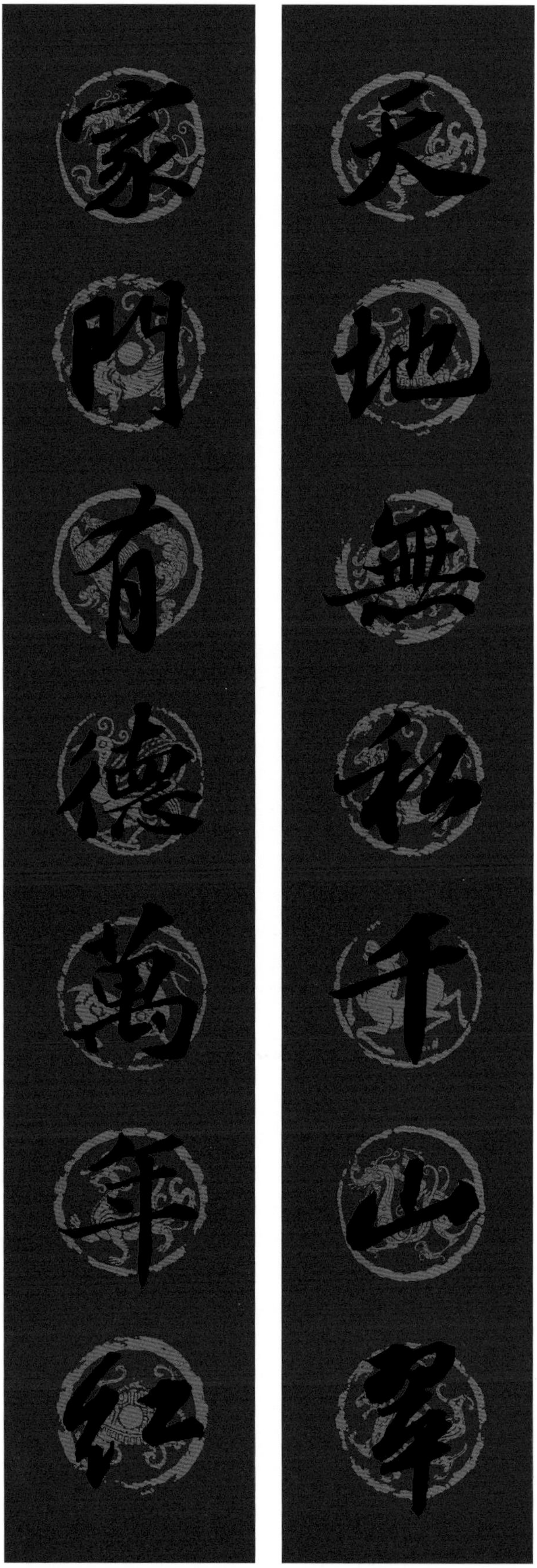

天地无私千山翠
家门有德万年红

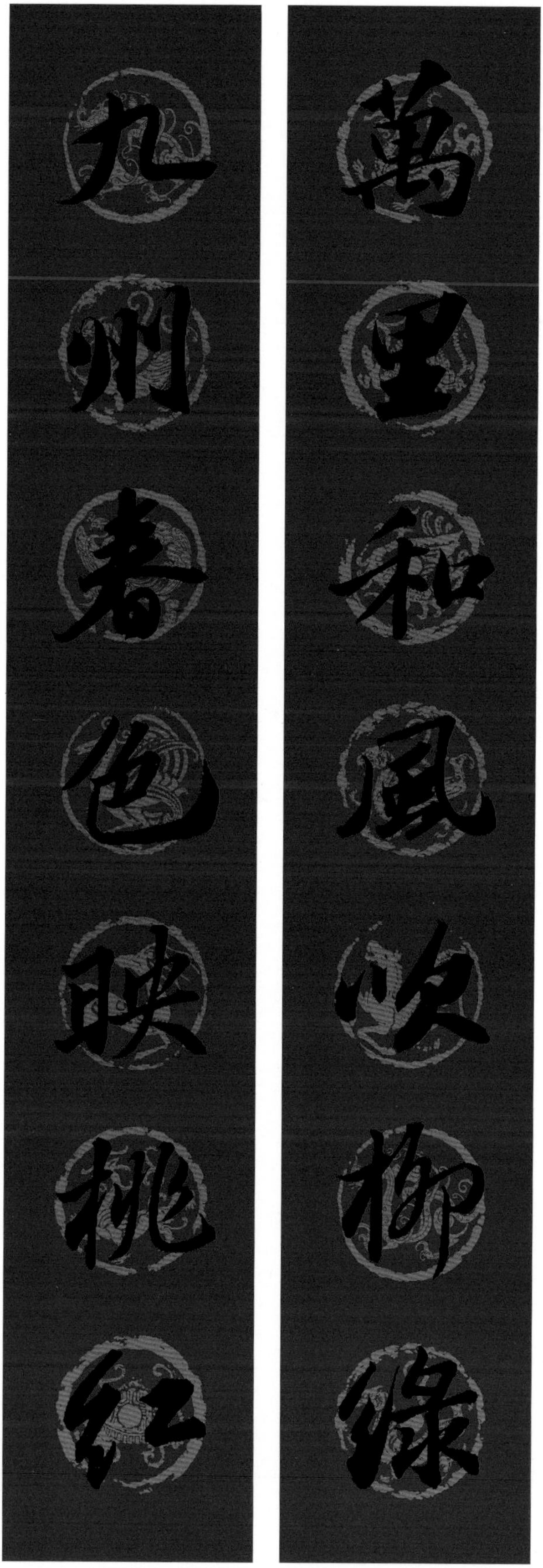

万里和风吹柳绿
九州春色映桃红

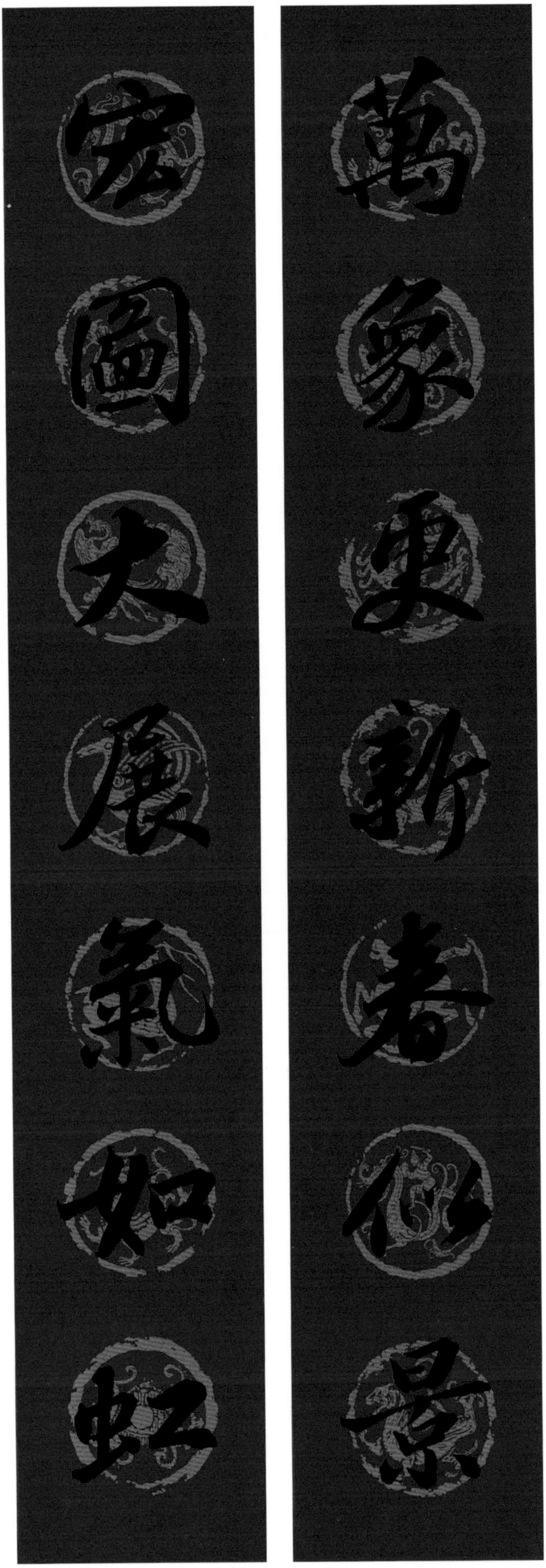

万象更新春似景
宏图大展气如虹

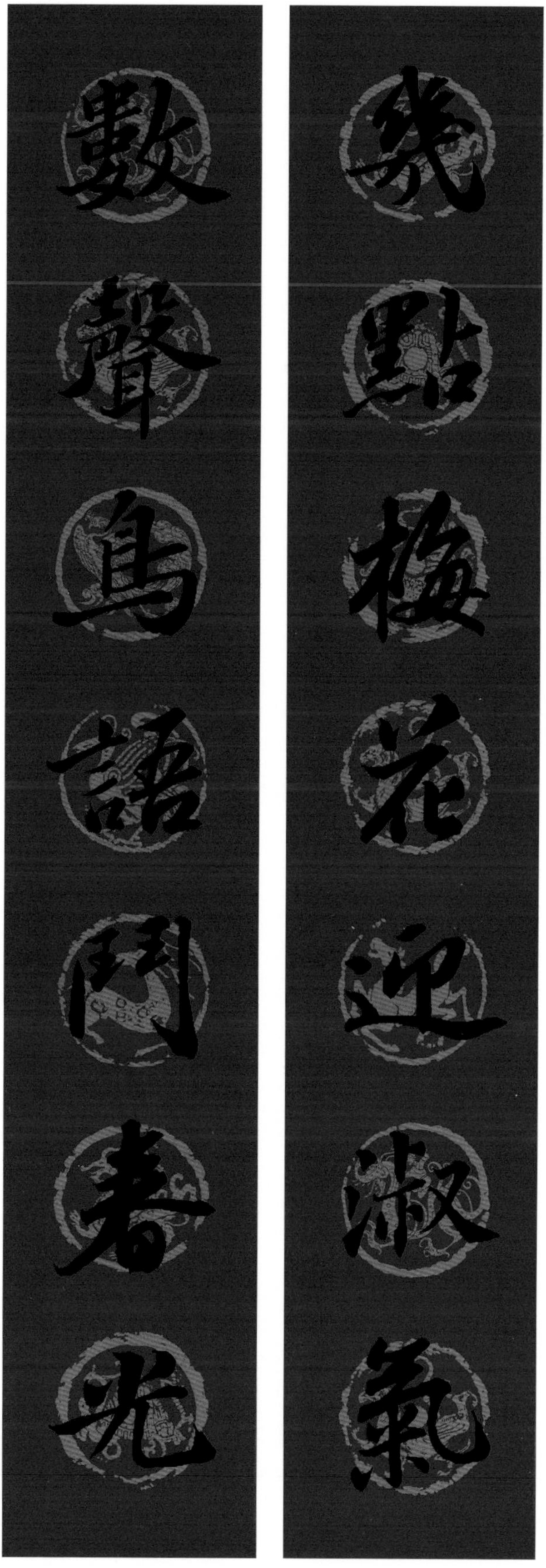

几点梅花迎淑气
数声鸟语斗春光

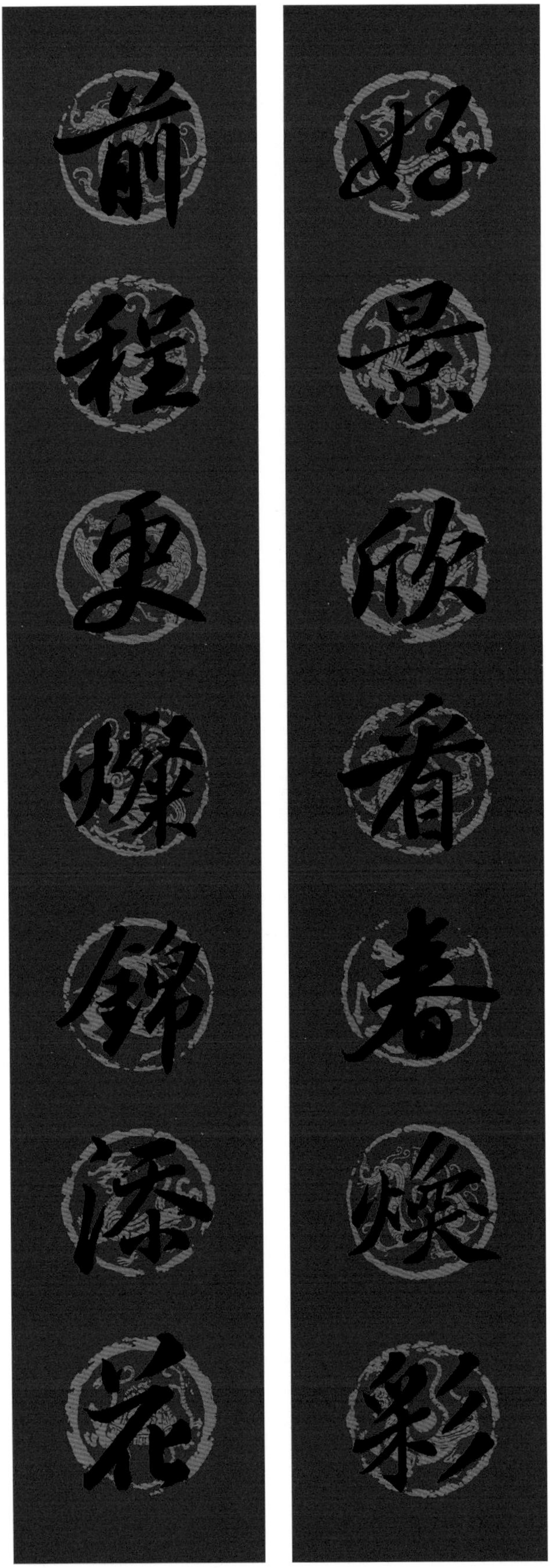

好景欣看春焕彩
前程更灿锦添花

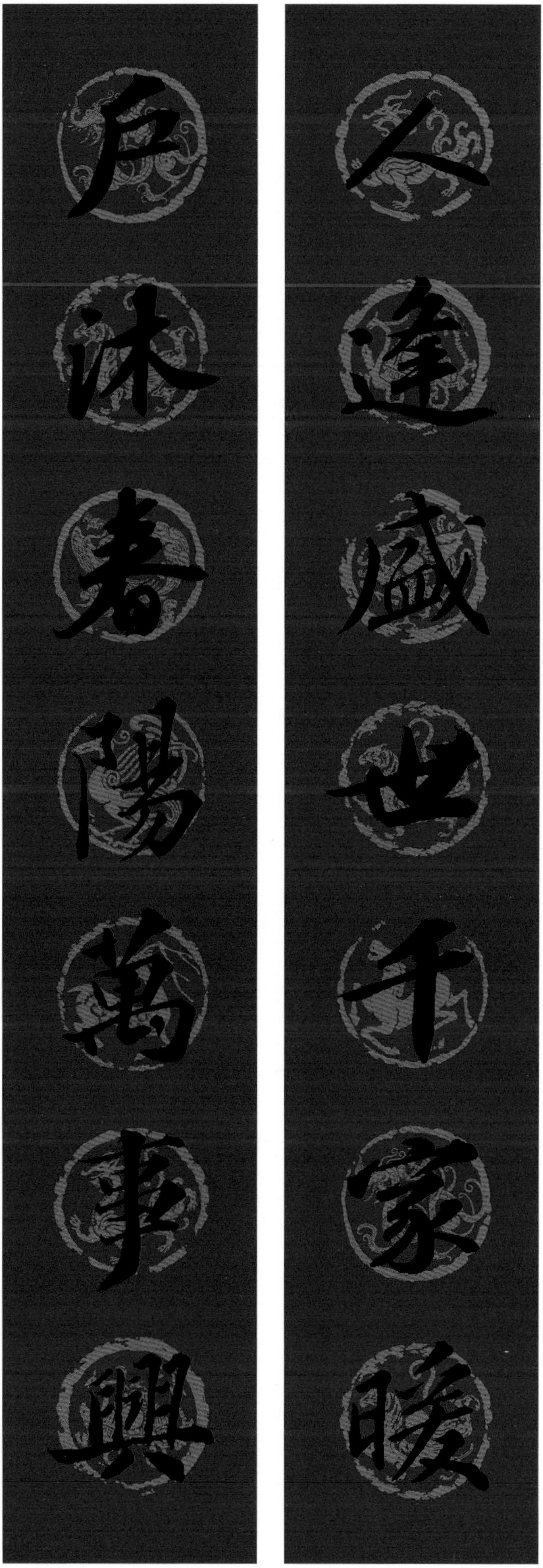

人逢盛世千家暖
户沐春阳万事兴

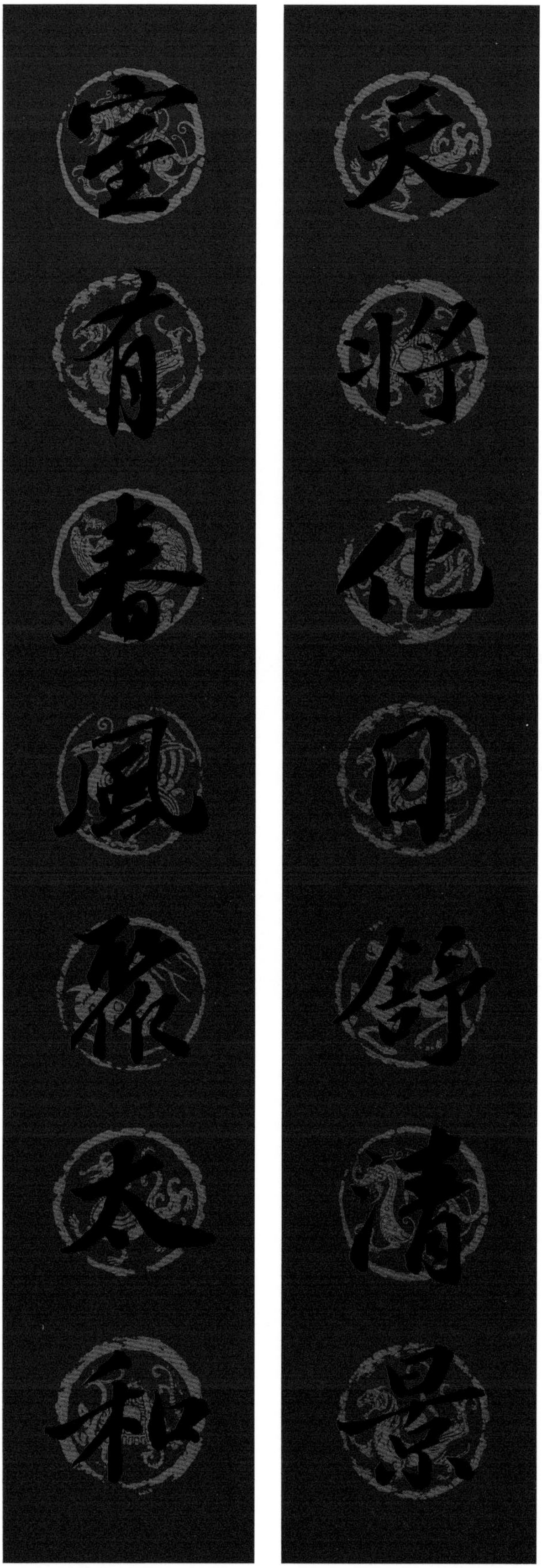

天将化日舒清景
室有春风聚太和

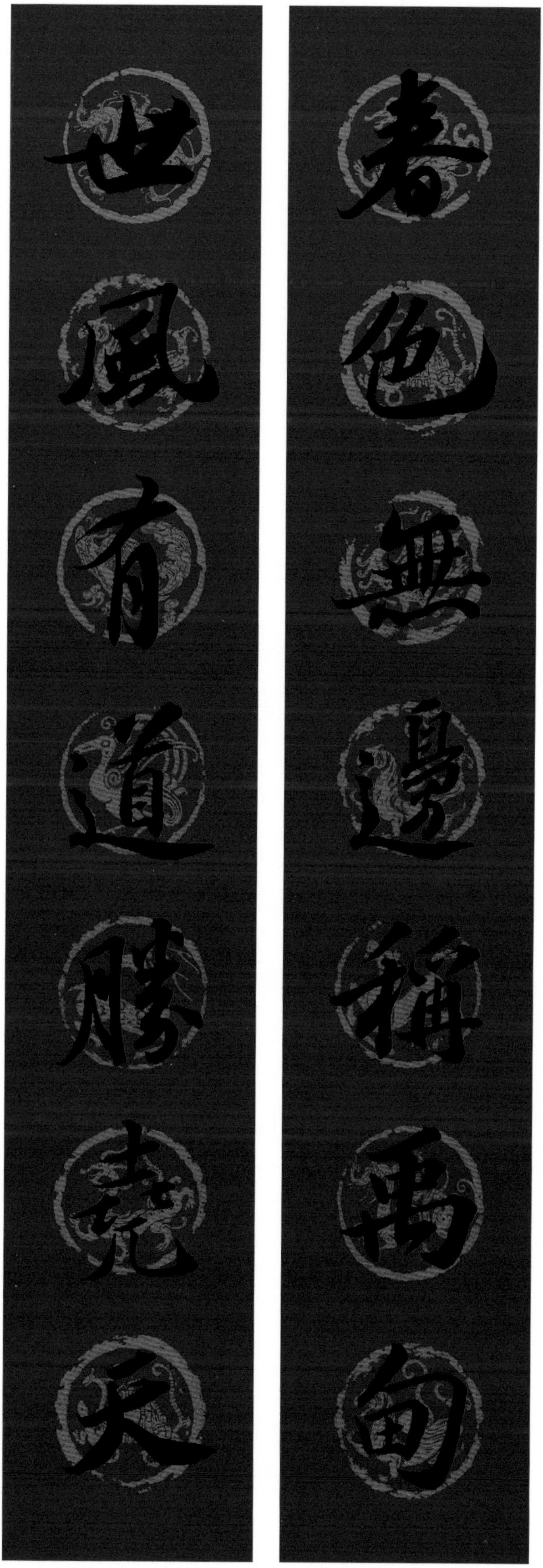

春色无边称禹甸
世风有道胜尧天

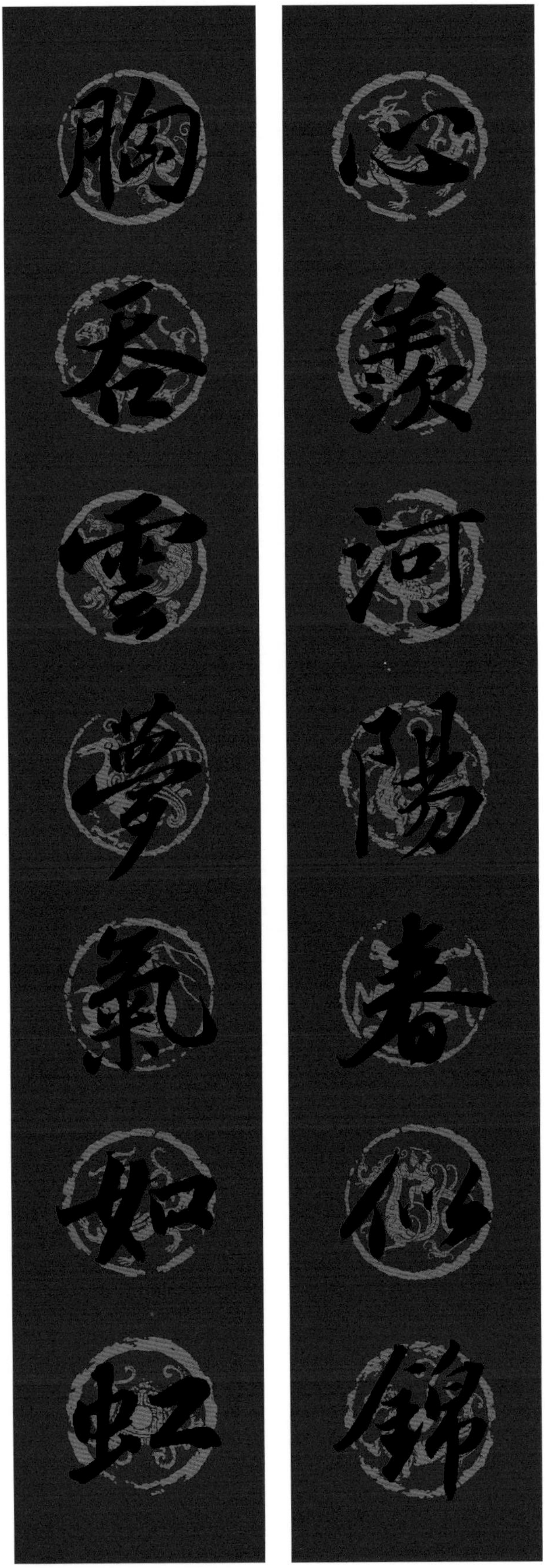

心羡河阳春似锦
胸吞云梦气如虹

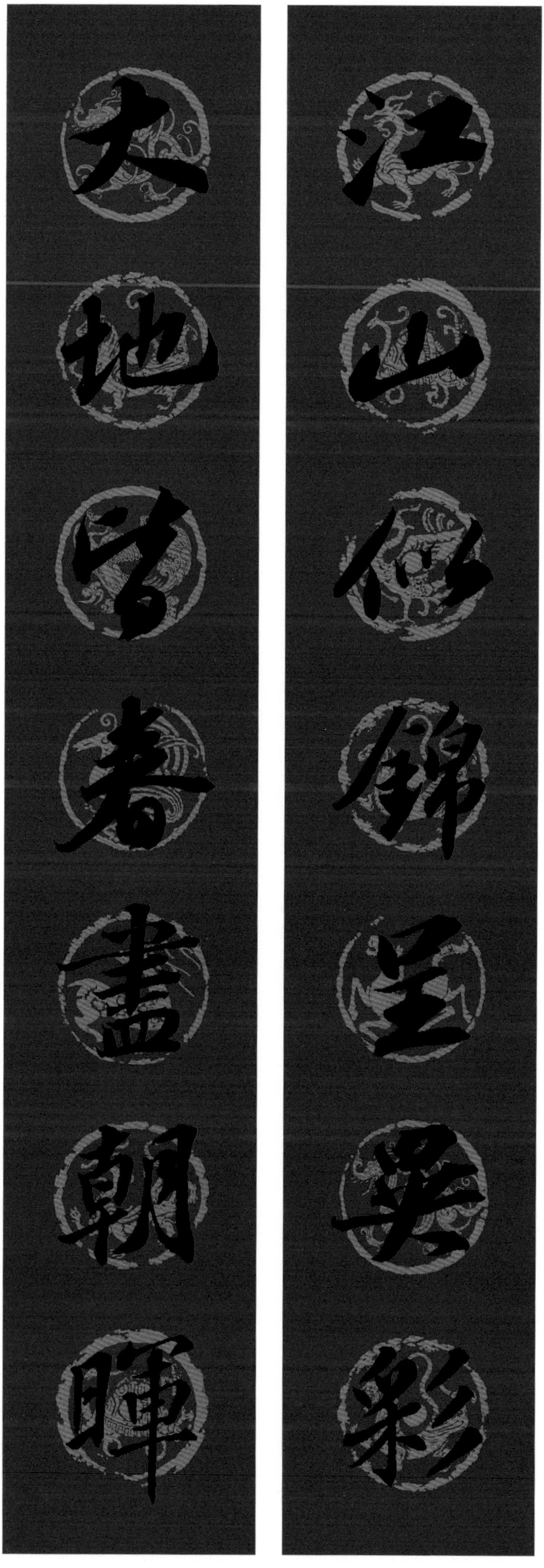

江山似锦呈异彩
大地皆春尽朝晖

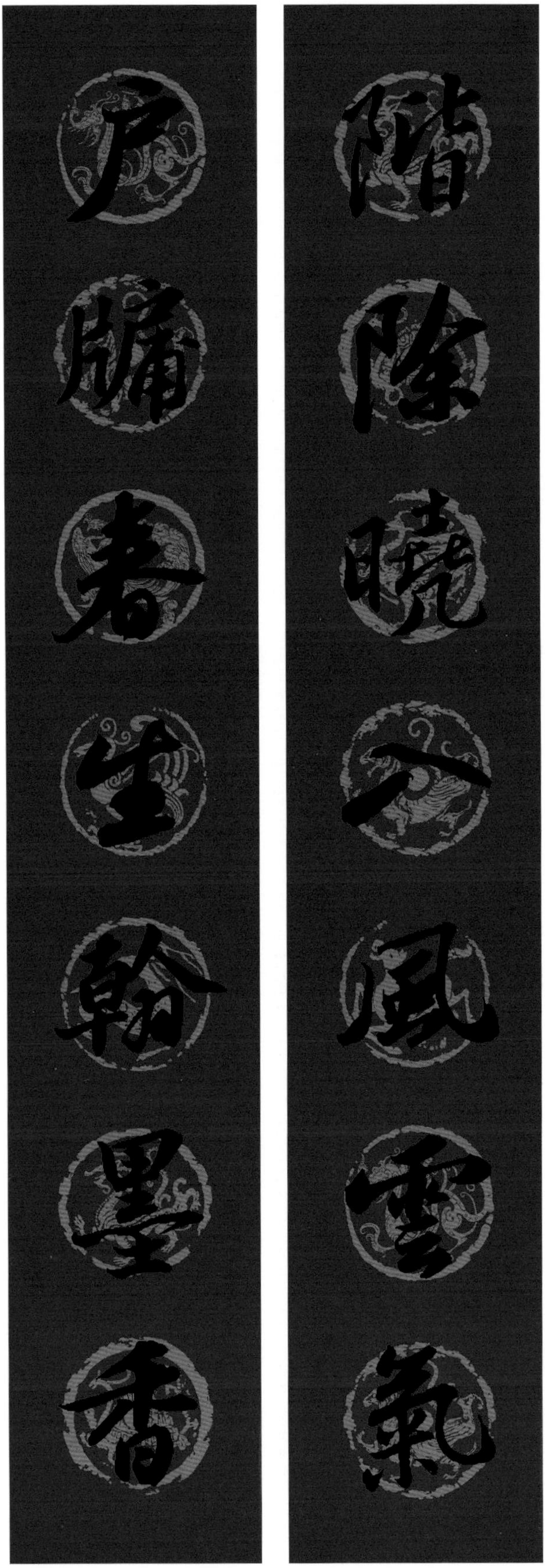

阶除晓入风云气
户牖春生翰墨香

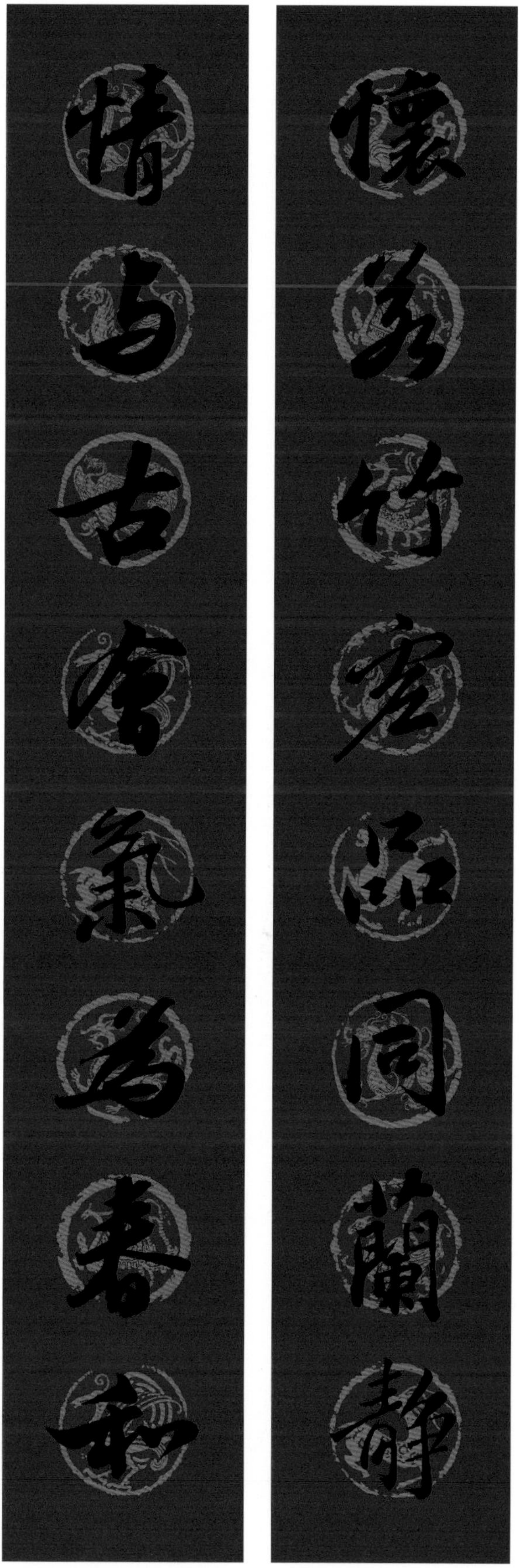

怀若竹虚品同兰静
情与古会气为春和

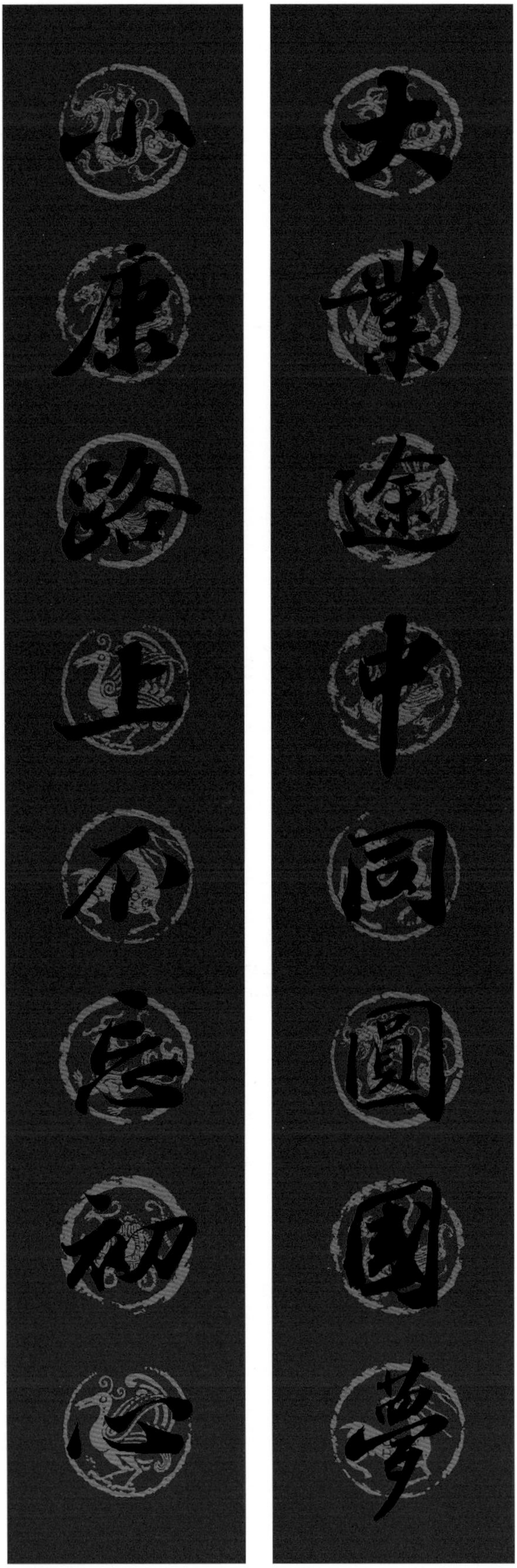

大业途中同圆国梦
小康路上不忘初心

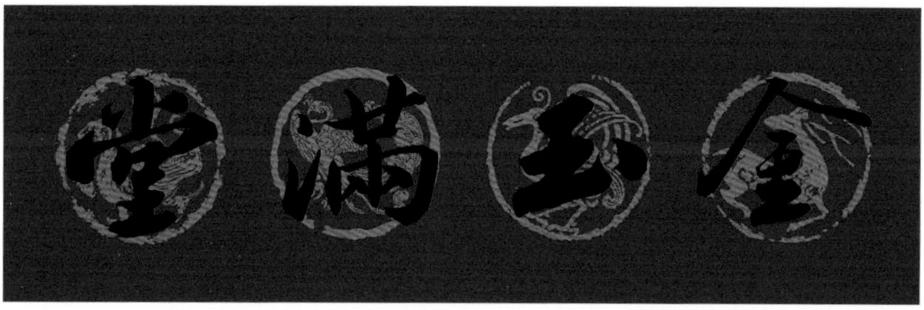

金玉满堂

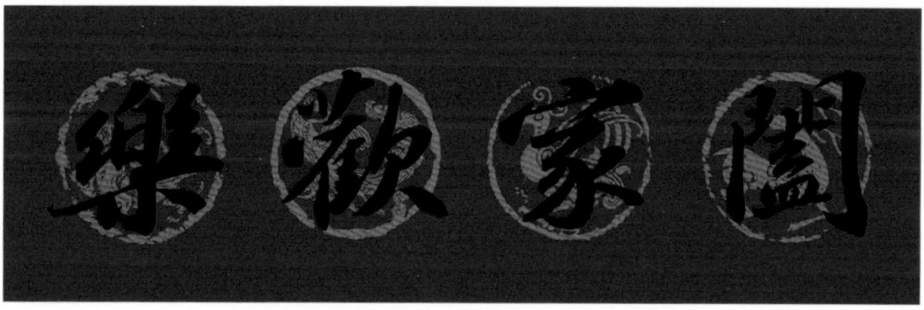

阖家欢乐

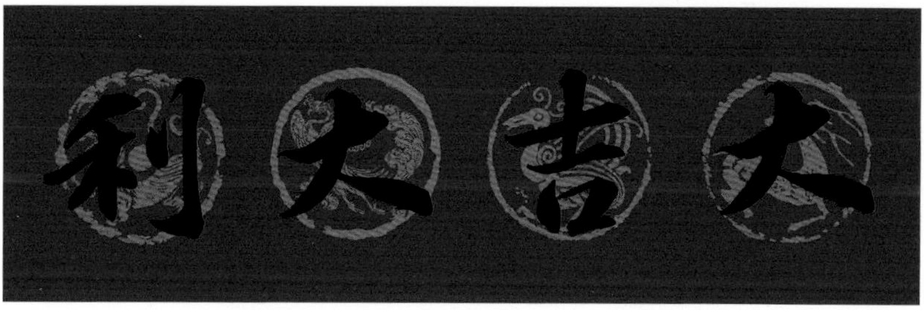

大吉大利

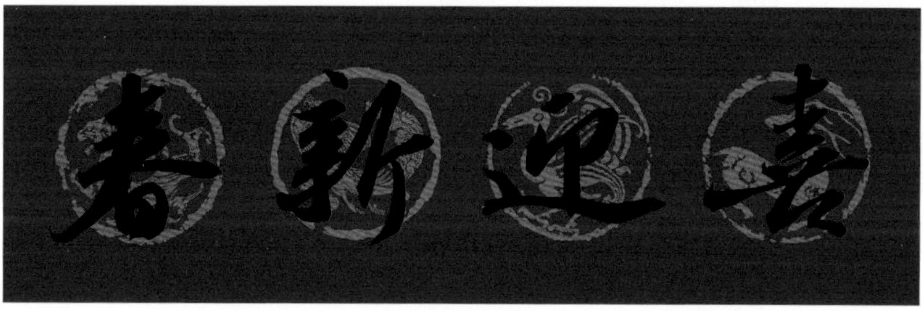

喜迎新春

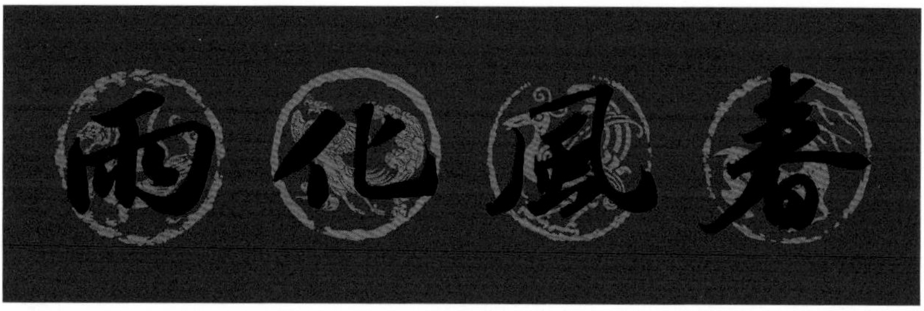

春风化雨

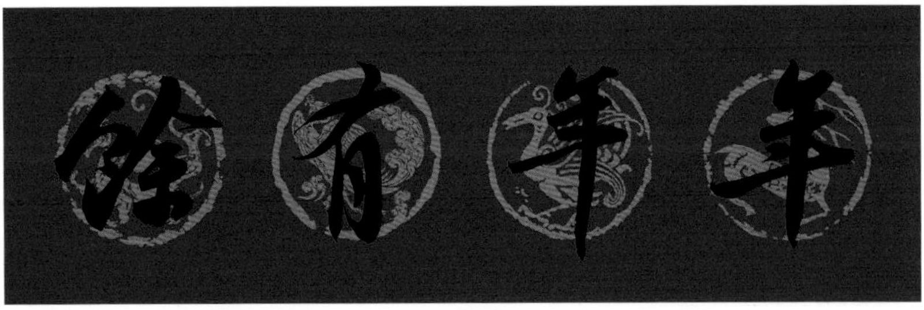

年年有余

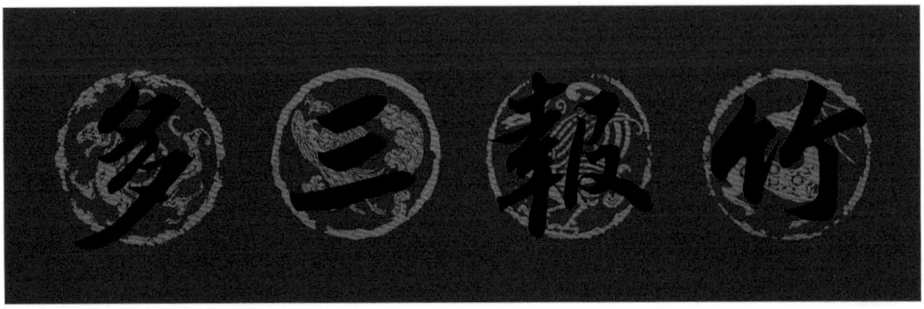

竹报三多

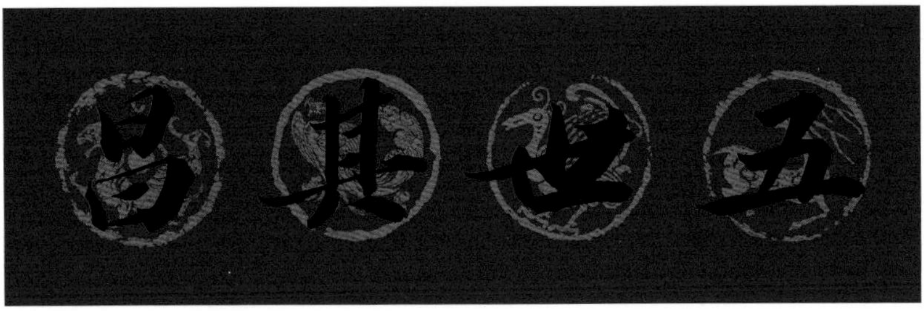

五世其昌

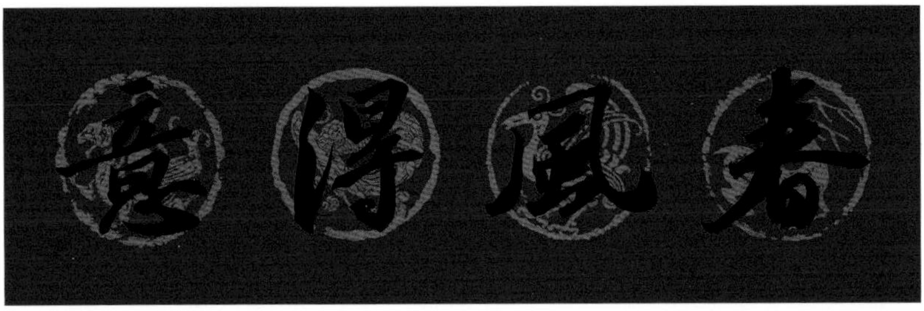

春风得意

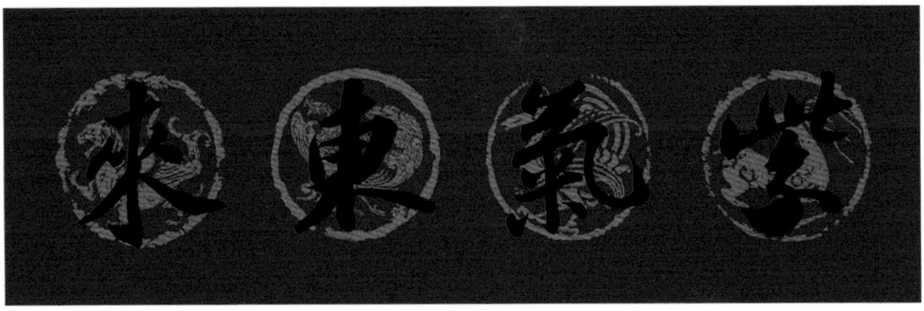

紫气东来

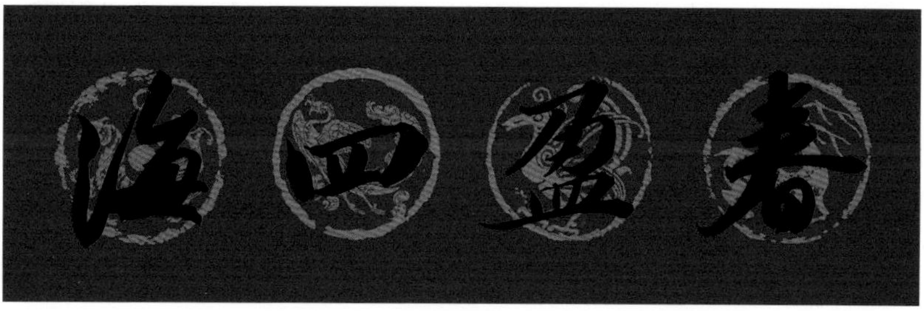

春盈四海

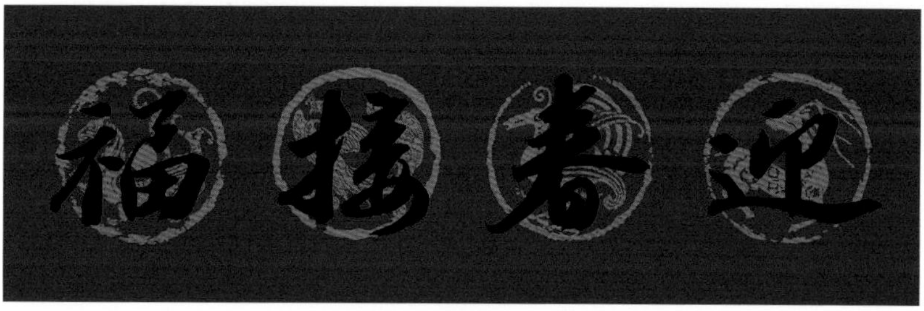

迎春接福

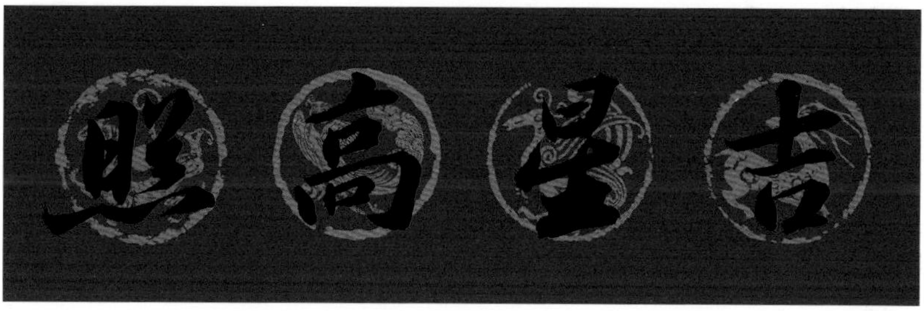

吉星高照

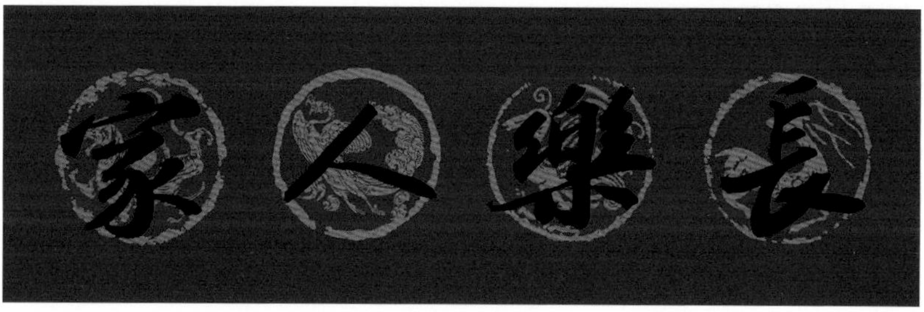

长乐人家

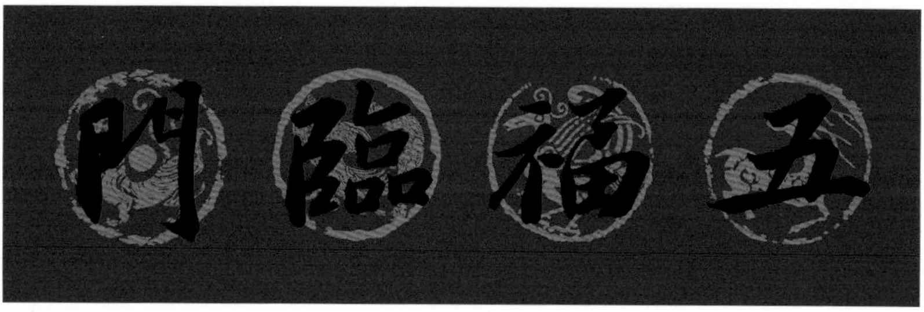

五福临门

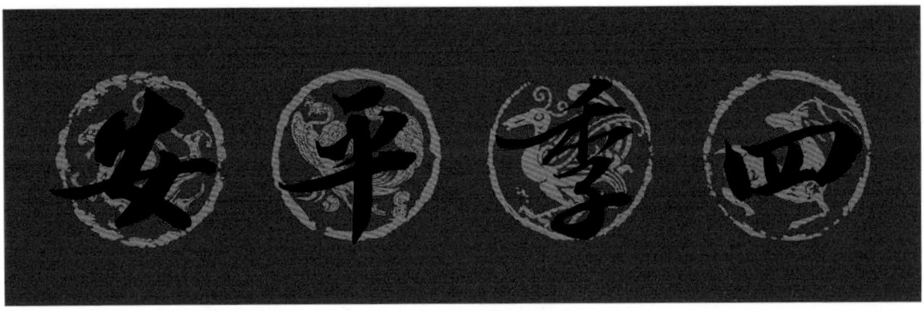

四季平安

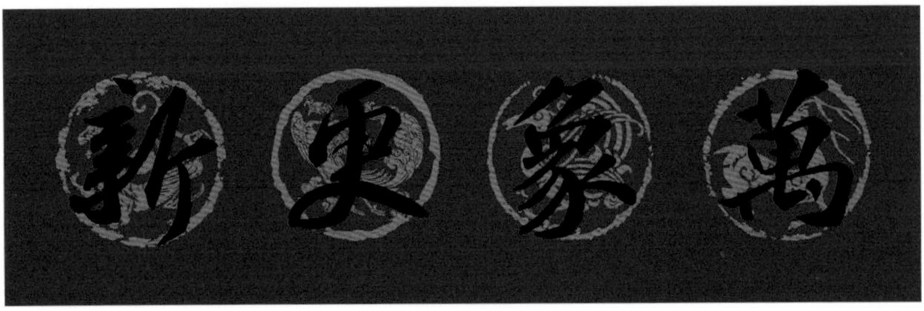

万象更新

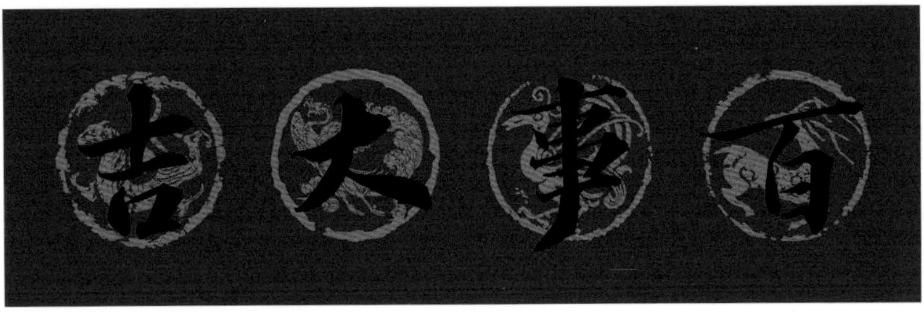

百事大吉

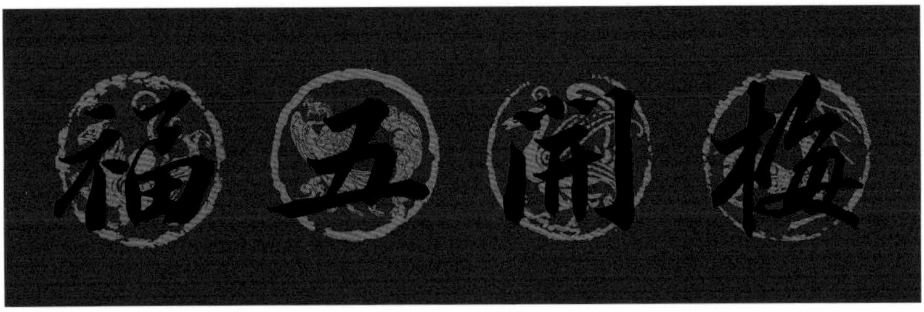

梅开五福

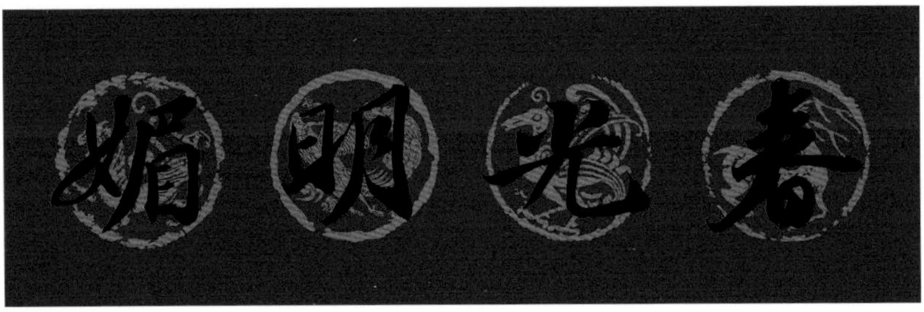

春光明媚

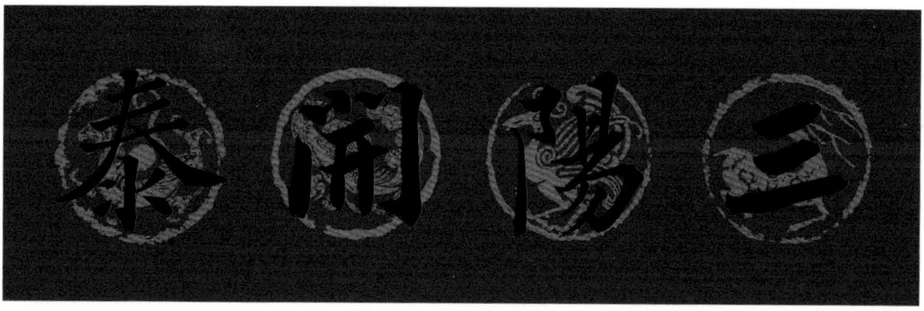

三阳开泰

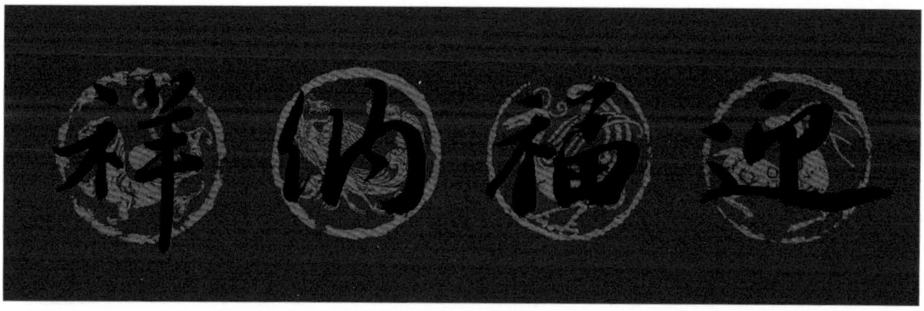

迎福纳祥

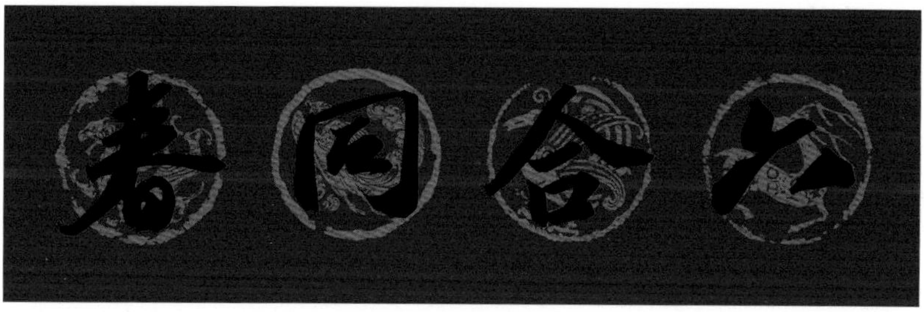

六合同春

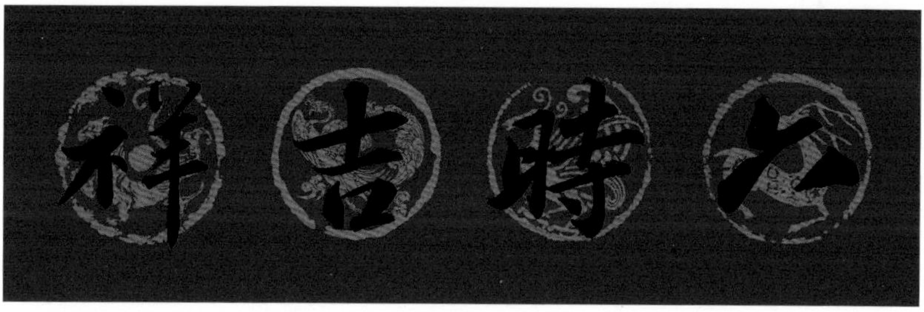

六时吉祥

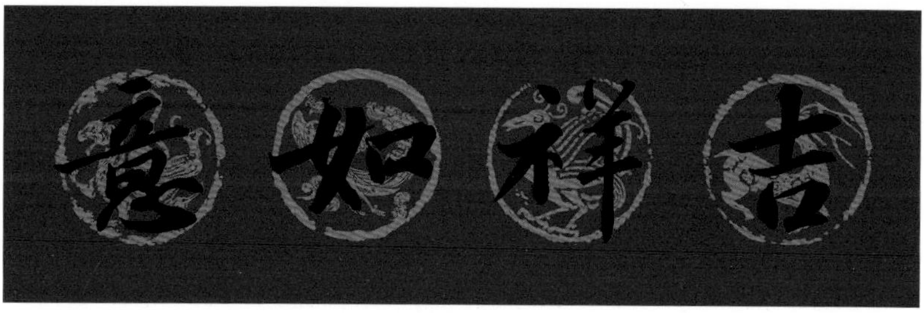

吉祥如意

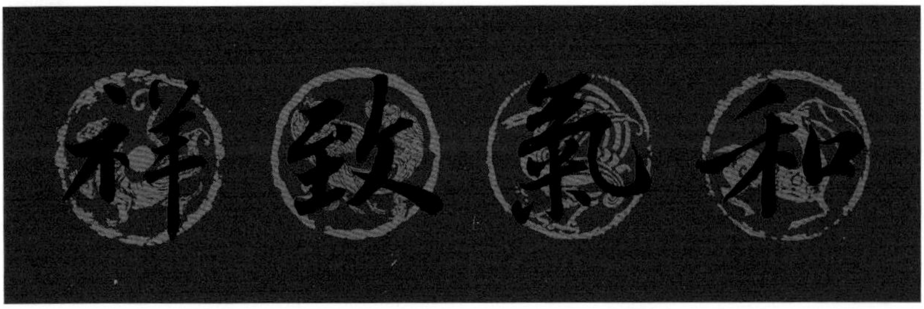

和气致祥

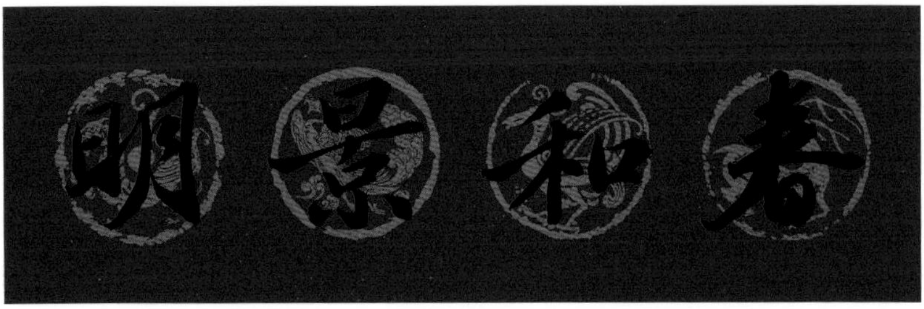

春和景明

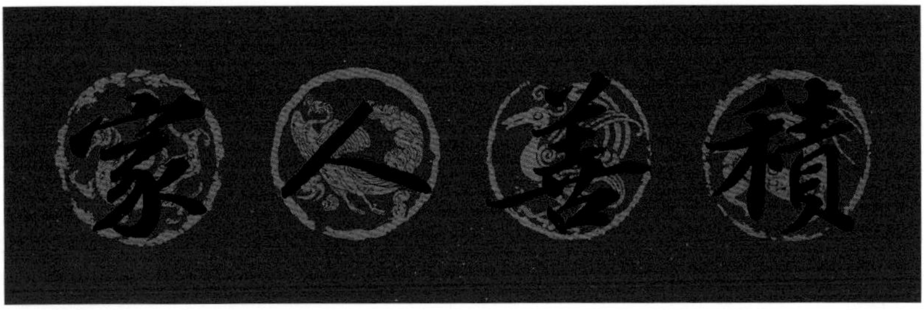

积善人家

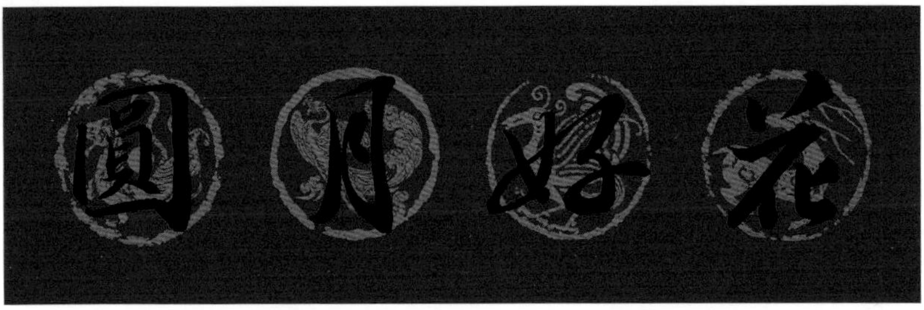

花好月圆

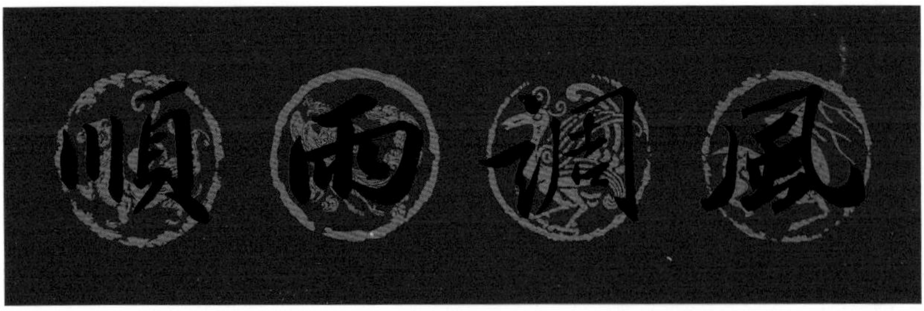

风调雨顺